国家出版基金项目
NATIONAL PUBLICATION FOUNDATION

GZC 高校主题出版
GAOXIAO ZHUTI CHUBAN

"一带一路"系列丛书

U0734736

"一带一路" 国别概览

文莱

李向阳 总主编

罗琨 [文莱]茜蒂·诺卡碧 [文莱]沈宗祥 编著

闵永年 审定

大连海事大学出版社

ⓒ 罗琨　茜蒂·诺卡碧　沈宗祥　2019

图书在版编目(CIP)数据

文莱 / 罗琨,(文莱)茜蒂·诺卡碧,(文莱)沈宗祥
编著. — 大连：大连海事大学出版社,2019.11
("一带一路"国别概览 / 李向阳总主编)
国家出版基金项目
ISBN 978-7-5632-3868-2

Ⅰ. ①文… Ⅱ. ①罗… ②茜… ③沈… Ⅲ. ①文莱 –
概况 Ⅳ. ①K934.4

中国版本图书馆CIP数据核字(2019)第250727号

大连海事大学出版社出版

地址：大连市凌海路1号　邮编：116026　电话：0411-84728394　传真：0411-84727996
http://press.dlmu.edu.cn　E-mail:dmupress@dlmu.edu.cn

大连海大印刷有限公司印装　　　　　　　　　　大连海事大学出版社发行

2019年11月第1版　　　　　　　　　　　　　2019年11月第1次印刷
幅面尺寸：155 mm × 235 mm　　　　　　　　　　　印数：1 ~ 3000册
印张：8.25　　　　　　　　　　　　　　　　　字数：122千

出　版　人：余锡荣　　　　　　　　　　　　　　项目策划：徐华东
责任编辑：王桂云　　　　　　　　　　　　　　　责任校对：魏　悦
　　　　　　　　装帧设计：孟　冀　解瑶瑶　张爱妮

ISBN 978-7-5632-3868-2　　　　　　　　　　　　　　定价：41.00元

"一带一路"国别概览

丛书编委会

▶ **主 任**　李向阳

▶ **副主任**　徐华东　李绍先　郑清典　李英健

▶ **委 员**　李珍刚　姜振军　张淑兰
　　　　　　尚宇红　黄民兴　唐志超
　　　　　　滕成达　林晓阳　杨　淼

总序

2013年秋，国家主席习近平在哈萨克斯坦和印度尼西亚出访期间，先后提出共建"丝绸之路经济带"和"21世纪海上丝绸之路"的倡议，倡导共商、共建、共享理念，得到国际社会广泛关注和积极响应。"一带一路"倡议旨在积极发展与沿线国家的经济合作伙伴关系，共同打造政治互信、经济融合、文化包容的利益共同体、命运共同体和责任共同体。

"一带一路"倡议源自中国，更属于世界，它面向全球、陆海兼具、目的明确、路径清晰、参与方众、反响热烈。五年间，"一带一路"倡议从理念转化为行动，从愿景转变为现实，在顶层设计、政策沟通、设施联通、贸易畅通、资金融通、民心相通等方面都取得了显著的成果，为实现世界共同发展繁荣注入推动力量、增添不竭动力。目前，我国已与100多个国家和国际组织签署了共建"一带一路"合作文件。共建"一带一路"倡议及其核心理念被纳入联合国、二十国集团、亚太经合组织、上合组织等重要国际组织成果文件。

"一带一路"沿线国家地理地貌、风俗人情、经济发展、投资环境各不相同，极有必要对其进行系统的介绍和分析。此外，目前针对"一带一路"沿线国家的研究仍不够深入，缺少系统、整体的研究资料。大连海事大学出版社组织策划的"'一带一路'国别概览"丛书（首批65卷）适逢"一带一路"倡议提出五年后下一个阶段深入推进的需要之时，也填补了国内系统地介绍"一带一路"沿线国家国情的学术专著的空白，获得了国家出版基金项目资助，并入选教育部全国高校出版社主题出版选题。

"'一带一路'国别概览"丛书（首批65卷）联合中国社会科学院、北京大学、山东大学、宁夏大学、广西民族大学、上海对外经贸大学、黑龙江大学等多家高校及研究机构编写，并组织驻"一带一路"沿线65个国家的前大使对相关书稿进行审定。本套丛书不仅涵盖了各国地理、简史、政治、军事、文化、社会、外交、经济等方面的内容，突出了各国与丝绸之路或海上丝绸之路的历史渊源，力争为读者提供全景式的国情介绍，还从"一带一路"政策出发，引用实际案例详细阐述了中国与各国贸易情况及各国的投资环境，旨在为"一带一路"的推进提供强大的智力支持，加快科技成果转化，促进合作人才培养，帮助我国"走出去"的企业有效地防控风险，从而全方位地助推"一带一路"建设。

"'一带一路'国别概览"丛书（首批65卷）的顺利出版得益于大连海事大学出版社的精心策划和组织，也凝聚着百余位相关领域专家学者的心血，在此深表感谢。

国家主席习近平曾深情地说："'一带一路'建设承载着我们对美好生活的向往，将把每个国家、每个百姓的梦想凝结为共同愿望，让理想变为现实，让人民幸福安康。"我们也希望本套丛书可以为"一带一路"建设架起一座沟通的桥梁，推动"一带一路"倡议在沿线国家向更深远和平稳的方向发展。

"'一带一路'国别概览"丛书编委会

2018年6月

前言

文莱是东南亚有千年以上历史的文明古国，不同朝代的中国古籍称之为婆利、婆罗、渤泥等。梁朝（南北朝时期），我国就与婆利国有所往来。15、16世纪，古渤泥国势鼎盛，是东南亚地区的沿海贸易中心和伊斯兰教传播中心之一，也是中国在"海上丝绸之路"上的重要伙伴。郑和下西洋时，曾经到访这个加里曼丹岛上的交通枢纽。1408年，文莱苏丹阿卜杜勒·马吉·哈桑携王子遐旺回访明朝，同年病逝并葬在中国。这个时期，中文友好关系达到了一个顶峰。2006年文莱苏丹的长妹、外交与贸易部无任所大使哈贾·玛斯娜公主到南京拜谒渤泥国王墓，并表示"这座墓的历史也是两国友谊的见证"。

文莱与中国的关系在新时期迎来新机遇。2013年，文莱与中国建立战略合作关系，文莱对"一带一路"倡议表现出浓厚兴趣，希望将文莱的"2035年宏愿"与"一带一路"倡议进行战略对接，推动本国经济多元化改革。2013年9月，文莱工业与初级资源部部长叶海亚在第十届中国-东盟博览会上提出与中国共建文莱-广西经济走廊；2014年9月，在第十一届中国-东盟博览会上两国签署《文莱-广西经济走廊经贸合作谅解备忘录》，成为双方共同推进"一带一路"建设的重要内容。

中文两国关系已进入历史最好时期，随着合作与交流的不断深入，对文莱国情的了解愈发重要。本书从地理、简史、政治、军事、文化、社会、外交、经济等方面介绍文莱，并有针对性地对当前中文两国经贸关系进行专门梳理，旨在为读者提供文莱及中文关系的基础信息。

本书是广西民族大学东盟学院、广西国际文化交流中心和文莱大学文莱研究院合作的成果，由广西国际文化交流中心副秘书长兼广西民族大学东盟学院文莱研究所所长罗琨、文莱大学文莱研究院主任茜蒂·诺卡碧教授及文莱中国"一带一路"促进会秘书长沈宗祥先生等合作编撰。其中，罗琨统筹全书的编撰、校改，茜蒂女士和沈宗祥先生主要承担文莱大学学者的组织、资料搜集等工作，沈宗祥还为书稿的校核付出了大量精力。参与编写本书的文莱大学学者有莎菲·诺·伊斯兰博士(Dr. Shafi Noor Islam，第一章)、茜蒂·玛芝妲博士(Dr. Siti Mazidah Haji Mohamad，第一章)、史迪芬·杜鲁斯博士(Dr. Stephen C. Druce，第二章和第七章)、亚都·海·朱莱(Abdul Hai Julay，第二章和第七章)、亚扎哈拉莱妮博士(Dr. Azaharaini Hj. Mohd. Jamil，第三章)、纳妮·苏雅妮博士(Dr. Nani Suryani Haji Abu Bakar，第四章)、玛哈妮博士(Dr. Mahani Haji Hamdan，第五章)、诺莱妮·亚默(Norainie Ahmad，第五章)、茜蒂·诺卡碧教授(Siti Norkhalbi Haji Wahsalfelah，第六章)、亚默卡历教授(Professor Ahmed M. Khalid，第八章)、冯伟伦博士(Dr. Lennard Pang Wei Loon，第八章)。另外，感谢文莱摄影学会张永发先生提供文莱风情风光照片作为本书的插图。

因资料搜集和翻译难度大，此书编写十分不易，同时囿于研究人员的学术水平，书中疏漏和不当之处在所难免，敬请广大读者批评指正。

编　者
2019年10月

目 录

第一章 地理

第一节　地理位置

　　文莱全称"文莱达鲁萨兰国"（Negara Brunei Darussalam，意思是"和平之邦"），地处东南亚，位于加里曼丹岛西北部，距离赤道440千米，处于东经114°04′~115°23′、北纬4°00′~5°05′[①]。北部毗邻中国南海南缘，从西北部巴兰（Baram）河口到东北摩拉（Muara）岬角的海岸线都面朝中国南海。南部、东部与西部接壤马来西亚的沙捞越州，被沙捞越州的林梦地区分割成两个部分，与马来西亚有266千米边界线。国土总面积5 765平方千米，其中陆地面积5 265平方千米，水域面积500平方千米，海岸线长168千米[②]，附属岛屿33个。

第二节　气候

　　文莱的气候受到地理位置和地势地貌影响，整体而言属于热带赤道气候和潮湿的亚热带气候，降水量大。以下四个区域的气候特点基本代表文莱区域气候大致情况：

[①]　BRUNEI Darussalam statistical yearbook 2016，第28页，
　　http://www.depd.gov.bn/SitePages/Statistical%20Publications.aspx.

[②]　BRUNEI Darussalam statistical yearbook 2015，第16页，http://www.depd.gov.bn/DEPD%20Documents%20Library/DOS/BDSYB/BDSYB_2015.pdf.

（1）文莱-摩拉区和首都斯里巴加湾市，沿海属潮湿的热带气候，北部海拔较低。文莱-摩拉区中部属潮湿亚热带气候（气温20~36℃）。首都斯里巴加湾市属热带赤道气候，有两个季节——旱季极热（气温24~36℃），潮湿季节或雨季通常温暖而湿润（气温20~28℃）。

（2）都东区属热带气候，北部热，南部温暖（气温22~32℃）。

（3）马莱奕区属热带气候，北部热，南部较温暖（气温25~37℃）。

（4）淡布隆区属潮湿亚热带气候，南部海拔较高，北部海拔较低，沿海属潮湿的热带气候（气温18~29℃）。

第三节　地势地貌

文莱地貌特征为西部地区是丘陵低地，东部是崎岖的山脉，从西北部巴兰（Baram）河口到东北摩拉（Maura）山岬的海岸线都是面朝中国南海。沿海地区则是沼泽潮汐平原。海拔高度显示，最低点为靠近中国南海的海平面（0米），最高点为1 850米的巴干山（Bukit Pagon）。文莱有四条主要河流，分别是流经马莱奕区的马莱奕河，流经都东区的都东河，流经淡布隆区的淡布隆河和流经文莱-摩拉区的文莱河［包括文莱河、克达阳河（Kedayan）、曼格萨鲁河（Mangsa-lut）］。

文莱有两个主要流域盆地：西部的巴兰流域盆地和东部文莱湾流域盆地。巴兰流域盆地由巴兰河及其支流占主导，巴兰河向中国南海冲积形成三角洲。文莱湾流域盆地有林梦河、淡布隆河、特鲁桑河（Trusan），还有较小的支流巴达斯河（Padas）和克里亚斯河（Klias），这些河流将沉积物带到文莱湾。

第四节　地质与自然带

文莱地层主要由厚厚的连续第三纪和三角洲沉积物组成，沉积仅几百万年就发生隆起和变形。从地质时间尺度上看，沉积和随后的变形发生在幼年时期。因此，尽管文莱地层受到严重的风化和侵蚀，但地形还不成熟，崎岖不平，特别是内陆地区。

人类出现之前，除海洋、海滩和滩涂，文莱完全被森林覆盖。文莱陆地地形分为红树林区、森林区、泥炭沼泽地、石楠灌木、混合龙脑香科树林和山地。今天，文莱的地形也因人类活动（包括基础设施建设、城市规划、农业和旅游开发等活动）而发生改变。

淡布隆南部大部分地区被始新世至中新世沉积物形成的山脉覆盖，包括巴图阿泼伊（Batu Apoi）森林保护区（Earl of Cranbrook & Edwards, 1994）。该地区山峰高度从700~900米不等，有的山峰高度则超过1 000米，如图达尔山（Bukit Tudal）高1 181米、拉塔山高1 594米，靠近沙捞越边界的巴干山（Bukit Pagon）高1850米。该地区褶皱最明显的沉积物受到侵蚀，形成了比较耐侵蚀的砂岩山脊，与耐侵蚀度较低的页岩深谷交相辉映。

文莱-摩拉大部分地区以及马莱奕区、都东区处于第三纪晚期的向斜盆地，地形特征是弓形山脊和单斜山脊。向斜盆地的边缘从靠近海岸、周围是沼泽地的低山丘陵向内陆400~500米高的单斜山脊逐渐变化。

文莱沿海地区主要是沼泽的冲积平原。宽广的冲积带延伸到马莱奕、都东河流域的山谷。约5400年前，这些山谷下段的冲积层大部分是在上一次后冰期时代的海平面上升期间积累而成的。第四纪较古老的沉积物形成平坦区域，通常是松散的砂砾石，地处主要河谷地带以及都东、文莱-摩拉之间的海岸。

第五节　自然资源与生态环境

文莱的自然资源主要包括油气资源、矿产资源、森林资源和海洋生物资源。

文莱油气资源储量丰富，已探明原油储量为14亿桶、天然气储量为3 200亿立方米，可开采25年以上。[1]近年来，文莱石油日产量控制

---

[1] Globserver:《文莱能源概况》，2015年2月18日，http://globserver.cn/en/node/11587.

在20万桶以下，是东南亚第三大产油国。天然气日产量在3000万立方米左右，为世界第四大产气国。石油天然气的生产和出口构成了文莱的经济支柱，约占国内生产总值的40%和出口总收入的95%。[①]

文莱还有丰富的矿产资源，目前已探明的矿产有金、汞、锑、铅、矾土、硅。1837年，文莱发现煤炭。此后，政府和私人公司都进行了零星的勘探。19世纪末至20世纪初，摩拉附近和纳闽岛开始开采煤炭。后来，英国在殖民时期吞并了原本属于文莱的纳闽岛。

文莱的森林资源丰富，有11个森林保护区，面积为2 277平方千米，占国土面积的39%，86%的森林保护区为原始森林。[②]文莱的森林有两个主要类型：低地混合龙脑香科树林和泥炭沼泽森林。低地混合龙脑香科树林是婆罗洲和文莱最常见的树林（覆盖文莱33%的国土，生长在马莱奕和淡布隆北部），体现了亚洲、非洲和美洲降水充沛的热带地区典型的郁郁葱葱、茂盛浓密的"热带雨林"特征——树木高大，板状根支撑树干，树冠封闭，下层植被所受日照稀少，附生植物、攀缘植物丛生（这种生长形态可以让植物长得很高，靠近阳光），动植物物种的多样性极高。虽然所有热带雨林在结构上相似，但是混合龙脑香科树林的特点在于单一树种占尽优势，龙脑香科树可以占到80%的树冠。文莱有两百多种龙脑香科树。泥炭沼泽森林完全覆盖了马莱奕区西部［拉比（Labi）山脉西部］。文莱还有另外两种森林类型：山地森林（海拔800米以上）和灌木（或荒原）丛林（生长在浸出的白沙土壤上），虽然花卉奇异，但范围有限，没有特别的野生动植物。

文莱年均森林枯竭率约为0.8%，是森林衰退的最低比例，而每百万公顷森林衰退的面积占森林总体面积的4%。尽管文莱森林枯竭缓慢、退化比例低，但文莱森林覆盖率在慢慢降低，降低的因素包括：矿产开采、森林开发利用、农业耕作、城市化、定居点建设以及未来土地使用需求，约5.1%（28 825公顷）的土地将用于开发建设。

文莱海岸线长，有丰富的海洋生物资源；内陆河流众多，内河和

---

① 最新数据显示：目前文莱的油气田每天生产约12.7万桶石油和24.3万桶石油当量的天然气。

② Globserver:《文莱能源概况》，2015年2月18日，http://globserver.cn/en/node/11587.

领海盛产鱼虾等水产品。

文莱行政区划分为区、乡和村三级。全国划分为4个区（当地人称之为县）：环绕首都斯里巴加湾市的文莱-摩拉区、西南部马莱奕区、中部都东区、东部淡布隆区。区下面设乡，乡下面设村。各区设有区长，负责区内的日常行政事务，由内政部办公室统筹管理。区长和乡长由政府任命，村长由村民民主选举产生。

文莱-摩拉区北临中国南海，南与马来西亚沙捞越州接壤。首都斯里巴加湾市位于该区，是全国政治、文化、商业、宗教和交通中心，面积100.36平方千米，人口约14万。斯里巴加湾市从17世纪起成为文莱首都，原称"文莱城"，1970年10月4日改为现名。斯里巴加湾市有不少著名建筑，有金碧辉煌的皇家宫殿和清真寺，也有民居特色村落——世界上最大的高脚屋村落"水村"（Kampong Ayer）。"水村"在15世纪早期曾经是古文莱的首都，现在"水村"位于斯里巴加湾市郊区，居民约3万人，1978年成为国家级文化遗址，是著名的旅游景点。该区有文莱主要港口斯里巴加湾港和摩拉港。摩拉港位于文莱东北沿海文莱湾西岸进口处，始建于1973年，是难得的深水良港，也是文莱的最大港口。

马莱奕区北临中国南海，西部和南部与马来西亚沙捞越州接壤。该区有文莱重要的工业城市"石油城"诗里亚（Seria），文莱石油与天然气的开采和生产主要集中在这里。该区是文莱人口聚集地之一。

都东区北临中国南海，东邻马来西亚林梦地区。都东是该区首府城市。该区有文莱最大的湖泊，该区人口较少，是土著居民居住区，他们主要从事农、林、渔业生产。

淡布隆区被马来西亚林梦地区分隔，与文莱其他地区没有直接接壤，是文莱原始森林集中地区，有著名的文莱国家森林公园。该区人口少，约有9 000人左右，部分土著居民现仍居住在马来传说的长屋内。

第二章 简史

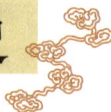

第一节   史前时期

　　文莱的历史悠久,其起源和古代发展的史学依据主要来自中国史籍、本土史料以及部分马来西亚的考古资料。

　　虽然文莱史前时期的文明难以考证,但邻国马来西亚沙捞越州的尼亚洞穴考古资料显示,大约四万年前当地已有人类居住,他们有可能在这一时期到过文莱。这些人属于体型较小的棕色人种,以打猎、捕鱼、采集果实为生,约4 500年前起逐渐为蒙古人种所取代。蒙古人种持奥斯特罗尼西亚语(南岛语系),一种说法称他们以台湾为起点,首先在菲律宾群岛登陆,接着扩张到加里曼丹、苏拉威西岛以及其他附近岛屿,最终衍生出众多各具特色的族群。马来西亚沙捞越州和沙巴州的出土文物表明,3 500~4 000年前加里曼丹西北部已有从事农耕的南岛语系族群聚居区。史学家汤姆·哈里森(Tom Harrisson)于1952—1953年经考古发现,大约2 100年前文莱哥打巴都(Kota Ba-tu)已有南岛语系族群。

第二节　　古代时期

❖ 一、早期至14世纪中期：海上贸易逐步发展

　　文莱缺乏早期历史的书面资料。关于公元5世纪至14世纪期间的文莱历史，考证的主要依据是中国古代史书。古代中国与文莱保持着良好往来关系，曾称文莱为"婆利"（Po-li）、"婆罗"（Po-lo）、"渤泥"（Po-ni）。梁朝（南北朝时期）称文莱为"婆利"，当时已经有商人到达婆利，从婆利到广州的航行时间一般需要60多天。公元518年，婆利曾派一个使团到梁朝。隋朝也称文莱为"婆利"，当时从交趾（Kiao-chih，大概位于现在的越南北部）出发，向南经过赤土（Chih-tu，位于马来半岛东海岸）、丹丹（Tan-tan，位于马来半岛东海岸），到达婆利。公元630年，婆利曾派使者到隋朝。唐朝时称文莱为"婆罗"。《旧唐书》记载，从交趾出发，向南航行经过林邑、扶南、赤土、丹丹，到达婆罗。公元669年，婆罗国王派一个使团到唐朝。宋朝时称文莱为"渤泥"。公元977年，宋朝商人蒲卢歇来到渤泥，返回时带领渤泥国王的使团向宋王朝朝贡。

　　公元10世纪开始，亚洲海上贸易逐渐繁荣，东南亚海运量大幅上涨。宋朝注重海运贸易，实施航运自由化，沿南方海岸新建港口，积极鼓励外商和来自东南亚的朝贡使团在这些港口进行贸易。贸易发展带动了城市发展，文莱和沙捞越州地区出现了许多贸易城市，文莱出现了哥打巴都（Kota Batu）、特鲁桑古邦（Terusan Kupang）和双溪里茂马尼斯（Sungai Limau Manis）三大重要城市。14世纪中期以后，明朝对外贸易衰落直到禁止贸易，东南亚海上贸易也受到影响，婆罗洲西北海岸贸易城市大多无法延续并逐渐衰败，哥打巴都幸存下来，成为婆罗洲众多沿海城市之一。文莱以哥打巴都打下牢固基础，而哥打巴都也成为文莱西北沿海最主要的贸易港口和沿海城市。这段时期，文莱虽然曾先后沦为周边的室利佛逝王国、满者伯夷王国的附属国，但贸易的发展使得文莱国力不断增强，为文莱成为东南亚的海上强国打下基础。

❧ 二、14世纪后期至16世纪中期：伊斯兰教地位确立、国力鼎盛时期

文莱14世纪中后期之后的历史，已经有本土历史资料可以考证。一是文莱王室宗谱，文莱王室宗谱大部分来源于口口相传，没有各朝各代的起止年代或日期，直到18世纪才出现相关的统治时期或日期；二是爪哇语史诗"Syair Awang Semaun"（SAS），它汇集了各种口头传说。

由于文莱处于穆斯林商人海上贸易路线的重要位置上，因此伊斯兰教传入文莱较早。公元977年，跟随宋朝商人蒲卢歇返回宋朝的文莱使团中，使团负责人普亚里（Pu Ya-li）和克喜·卡欣（Qhi Kasim）的名字是伊斯兰名字，说明早在公元977年元前伊斯兰教已经在文莱有了一定影响。根据文莱皇家宗谱，文莱的第一个统治者是国王阿旺·阿拉克·贝塔塔尔（Awang Alak Betatar，1363—1402）。爪哇语史诗也认为阿旺·阿拉克·贝塔塔尔是文莱的首位国王。1371年[①]，阿旺·阿拉克·贝塔塔尔与邻国满剌加国（位于马来半岛，今柔佛州）苏丹的女儿结婚。婚后可旺·阿拉克·贝塔塔尔皈依伊斯兰教。作为回报，满剌加国苏丹授予他"文莱苏丹"头衔，被尊称为苏丹穆罕默德·沙（Muhammad Shah），即一世苏丹。在满剌加国的影响下，一世苏丹积极引入伊斯兰教，使文莱成为一个伊斯兰国家。文莱由此开始进入伊斯兰时代。文莱第二任苏丹是阿赫默德（Ahmad，1408—1425）。阿赫默德没有子嗣，去世后由其女婿沙里夫·阿里（Sharif Ali，1425—1432）继承王位，成为三世苏丹。沙里夫·阿里是第一个在文莱建清真寺的苏丹，还制定伊斯兰教法规，并运用伊斯兰教法规管理国家。在沙里夫·阿里的治理下，国家和平而稳定，在国名后面加上了"达鲁萨兰"（Darussalam），从此称为"文莱达鲁萨兰国"，意为"和平之地"。沙里夫·阿里去世后，其子苏莱曼（Sulaiman，1432—1485）继承王位，成为四世苏丹，沿用其父亲的模式管理国家，继续推行伊斯兰教政策。

苏莱曼之后，其子博尔基亚（Bolkiah，1485—1524）继任五世苏

---

①   Brunei Darussalam Annual Report（2005—2009）Part 1，http：//www. information.gov.bn/Site Pages/English%20 Publication. aspx.（国内研究有1414年的版本）

丹。在他统治时期，文莱进入了发展的黄金时代，国力达到鼎盛。博尔基亚是一个有抱负、有能力的统治者，善于学习和创新，经常出访其他国家，学习治理国家的知识和经验。博尔基亚亲自征战邻近诸国，征服了婆罗洲、苏禄群岛和菲律宾群岛南部。博尔基亚继续扩大贸易，使文莱成为控制婆罗洲、苏禄海和吕宋（即今天的菲律宾）等许多沿海地区贸易的重要海洋国家。博尔基亚加强对所控制地区传播伊斯兰教。文莱的黄金时代一直延续到六世苏丹阿卜杜勒·卡哈尔（Abdul Kahar，1524—1530）及七世苏丹赛弗尔·里加尔（Saiful Rijal，1533—1581）时期。这一时期，随着贸易发展和移民增多，伊斯兰教影响不断扩大，文莱成为伊斯兰教传播中心。当时，马尼拉的西班牙总督弗朗西斯科担心伊斯兰教传播影响其殖民统治，要求七世苏丹赛弗尔·里加尔停止对菲律宾群岛的传教活动。

15、16世纪，亚洲、欧洲、中东和非洲部分地区的经济联系更加紧密，为东南亚诸如文莱等贸易国家带来了更多的贸易机会和前所未有的商业繁荣。文莱以河畔城市哥打巴都为据点，成立沿海贸易中心。这一时期，文莱发展成为拥有制海权的国家，管控贸易、贸易路线、沿海地区和港口。根据西班牙的文献，居住在婆罗洲北部沿海的巴瑶族（海上民族）也曾臣服于文莱，巴瑶族擅长监管、保护沿海地区和航线，确保港口安全，同时劫掠贸易对手。在文莱控制的较小贸易地区，例如河流口岸，由文莱贵族或忠于文莱的当地酋长管理，征收贸易税。在马尼拉和苏禄等较大的贸易中心，文莱的统治家族与当地的统治家族联姻，形成了社会、商业、政治等级制度。此外，文莱和其他东南亚伊斯兰教国家联合起来，成为一个互联的伊斯兰贸易网。

可以佐证这段历史的还有意大利人安东尼奥·皮加费塔（Antonio Pigafetta）的记录。1521年，皮加费塔担任费迪南·麦哲伦航行全球的记录员，航行完菲律宾群岛之后来到文莱。皮加费塔描述，除了国王的宫殿和某些酋长的住所外，整座城市都建在水面上。国王的宫殿前面有一堵砖墙，上面设有塔楼，像一座堡垒，塔楼上装有56座青铜大炮和6座铁炮。皮加费塔和几个西班牙人坐在两只装饰有丝绸的大象上，被带到国王宫殿。从记载可以看出，皮加费塔和几个西班牙人对文莱所拥有的财富印象深刻。皮加费塔还记录，文莱是一个强大的伊斯兰教海洋王国，正处繁荣巅峰，控制了婆罗洲沿海地区和菲律宾几个港口的贸易，在上述地区传播伊斯兰教。文莱当时拥有的较强军事和海军力量，以便掌控婆罗洲南部海岸的贸易和封臣。

　　14世纪后期到16世纪中期，文莱与中国明朝保持密切往来，两国互派使团达10余次，超过了以往的任何朝代。1370年，明朝派出一个使团前往爪哇岛，途经渤泥并做短暂停留。1371年，渤泥国王也派一个使团出使明朝，这位国王即是一世苏丹穆罕默德·沙（Muhammad Shah）。1402年，一世苏丹去世，其儿子阿卜杜勒·马吉·哈桑（Abdul Majid Hassan，1402—1408）继位。1405年，明朝郑和首次下西洋曾经到访渤泥[①]。1408年，苏丹阿卜杜勒·马吉·哈桑携王子遐旺（Hsia-wang）回访明朝，中国称这位苏丹为"麻那惹加那乃"（Ma-na-je-ka-na），他是明朝时期第一位来中国访问的海外国王。同年，苏丹阿卜杜勒·马吉·哈桑在中国病逝并葬在中国。一年后，明朝派官员张谦护送遐旺王子返回渤泥。据文莱学者研究，遐旺王子虽被指定为继承人，但由于年仅4岁，故由苏丹阿卜杜勒·马吉·哈桑的弟弟阿赫默德主持王室[②]。苏丹阿卜杜勒·马吉·哈桑没有被列入历任苏丹名录，二世苏丹不是阿卜杜勒·马吉·哈桑，而是阿赫默德（Ahmad，1408—1425）[③]。虽然如此，苏丹阿卜杜勒·马吉·哈桑是被正式载入文莱史册的，文莱对苏丹阿卜杜勒·马吉·哈桑的考证，主要来自中国史料。明朝后期海运衰落，逐步与周边一些国家中断了联系，1530年，渤泥遣使访问明朝，当时已经开始出现"文莱"（Brunei）的称呼。

第三节　　近代时期

❖ 一、16世纪末到17世纪：葡萄牙、西班牙入侵及王室内乱，走向衰落

　　15世纪开始，西方殖民者开始谋求在东南亚地区建立殖民统治。

---

① 福建省人民政府新闻办公室编：《郑和下西洋》，五洲传播出版社，2005年，第28页。

② Dr.Haji Awang Mohd. Jamil Al-Sufri,*HISTORY OF BRUNEI IN BRIEF*,1990,p.13.

③ SEKAPUR SIRIH PRAKATA,*SEJARAH SULTAN-SULTAN BRUNEI*,2015,p.1.

安东尼奥·皮加费塔的记录激起了葡萄牙和西班牙人征服文莱的欲望。1511年8月24日，葡萄牙占领马六甲。但是，葡萄牙不满足于马六甲，于是把目标放在文莱。1526年，一个叫乔治·德·梅内塞斯（George de Menezes）的葡萄牙人以经商为借口来到文莱，发现文莱不容易被征服后，他转而与文莱六世苏丹签订了一个友好交往和开展贸易条约。根据条约，文莱开始出口胡椒、西米、鱼类、大米、黄金等到马六甲，葡萄牙从而获得了文莱的物资；允许葡萄牙在文莱海上航道航行，文莱海上航道成为葡萄牙船只从交趾到马六甲、从马六甲到马鲁古群岛的必经航线。

除了葡萄牙，西班牙也对文莱虎视眈眈。西班牙先以菲律宾为目标，重点控制吕宋岛马尼拉地区，因为该地区是菲律宾群岛主要的商业与政治中心，而且跟文莱统治家族有联系。1565年，西班牙开始进入菲律宾。1571年，西班牙人成功夺取马尼拉，将马尼拉作为开展防卫、贸易和传播天主教的基地。除了南部苏禄岛和棉兰老岛的穆斯林地区以外，菲律宾的其他地区几乎没有流血战斗就被西班牙控制，大多数居民很快就放弃本土宗教，改信天主教。西班牙努力消除伊斯兰教在吕宋岛的影响，但是他们发现只要文莱继续保持强大，仍然是东南亚地区伊斯兰教传播中心，他们传播天主教的努力就会受挫。1573年，西班牙派一个代表团与文莱七世苏丹赛弗尔·里加尔见面，提出一个让西班牙当文莱保护国的条约，还要求文莱同意天主教传教士在文莱传教。七世苏丹拒绝了西班牙的要求。

西班牙一直在寻找入侵文莱的突破口，在了解七世苏丹与文莱贵族莱拉（Pengiran Seri Lela）和闰塔（Pengiran Seri Ratna）之间矛盾激化后，西班牙决定利用这个机会挑起文莱王室内乱，趁机入侵文莱。西班牙拉拢莱拉和闰塔，利诱莱拉推翻七世苏丹。1578年4月13日，西班牙总督弗朗西斯科·德·桑德（Francisco de Sande）指挥40艘军舰，搭载西班牙及其菲律宾盟国共2 200人的武装力量抵达文莱海岸。弗朗西斯科·德·桑德派两名使者递交了一封信给七世苏丹，要求允许天主教传教士进入文莱、允许文莱人民改信天主教、停止在菲律宾的所有伊斯兰教传教活动，以及文莱苏丹停止向苏禄群岛和棉兰老岛地区等一些菲律宾岛屿索取贡品。文莱苏丹拒绝了西班牙的要求，处决了两名信使，并派50艘军舰包围西班牙军舰。4月14日，弗朗西斯科·德·桑德命令西班牙军队对文莱宣战，向文莱军舰开火。4月16日，西班牙军队占领文莱都城，发现城市已经被遗弃，除了外国商人，苏丹和居民已经撤到了内陆地区。西班牙军队洗掠了苏丹王宫和清真寺。彭基兰·本达哈拉·萨坎（Pengiran Bendahara Sakam）召集文莱武装，领导一千多人反击西班牙侵略者。西班牙军队受到沉重打击，还感染了疾病。1578年6月26日，西班牙军队被打败。弗朗西斯科·德·桑德不得不带领军队撤回马尼拉，离开之前焚烧了清真寺。西班牙对文莱的占领只持续了72天。1579年3月，西班牙计划再次攻打文莱，后因畏惧文莱人民抗击外敌的坚强意志，以及长期受水土不服、疾病困扰，西班牙军队已经没有了征服文莱的信心，因而取消了计划，从此不敢再入侵文莱。

击退西班牙的入侵后，文莱暂时迎来了和平，基本恢复在婆罗洲西北沿海的主导地位，在菲律宾南部穆斯林地区仍有影响力，苏禄依然是文莱的势力范围。1581年，沙·卜瑞奈（Shah Brunei，1581—1582）登基，成为八世苏丹。1582年，穆罕默德·哈桑（Muhammad Hasan，1582—1598）登基，成为九世苏丹。九世苏丹采取了一些措施，重新振兴文莱，巩固自己的地位。在思想领域，苏丹继续努力在其所控制区域加强伊斯兰教的传播。在内政方面，苏丹建立了新的政府管理模式，将习惯法与宗教法作为政府管理的基础，以确保苏丹在国家和人民中的精神领袖地位。在外交方面，苏丹向较大的国家派驻外交使团，主要人员包括总特使、特使、文书人员、财务主管、武官、用人等。在对外贸易方面，文莱要求所有希望与其进行贸易的船只停在摩拉港，开始对进驻港口的往来货船征税。当时，与文莱进行贸易的主要有中国、柬埔寨、暹罗、马鲁古、彭亨（位于马来西亚）、亚齐（位于印度尼西亚苏门答腊西北部）、苏门答腊、棉兰老岛等其他周边国家和地区。在九世苏丹治理下，文莱迎来了短暂的复兴。

17世纪中叶开始，文莱王室发生内乱，持续了大约12年的内乱加快了文莱衰落的步伐。文莱皇家宗谱记载，十二世苏丹穆罕默德·阿里（Muhammad Ali，1660—1661）的儿子杀死了贵族彭基兰·本达哈拉·阿卜杜勒·穆宾（Pengiran Bendahara Abdul Mubin）的儿子。为了报仇，彭基兰·本达哈拉·阿卜杜勒·穆宾杀死了穆罕默德·阿里，自封为苏丹，即十三世苏丹阿卜杜勒·穆宾（Abdul Hakkul Mubin，1661—1673）。为了安抚上一任苏丹的家属，阿卜杜勒·穆宾任命逝世苏丹的侄子穆希丁（Muhyiddin）就职为彭基兰·本达哈拉。然而，穆希丁最终向苏丹阿卜杜勒·穆宾发起挑战，宣称自己是苏丹，即十四世苏丹穆希丁（Muhyiddin，1673—1690）。此事导致文莱分裂为两个对立派别，接下来的12年中，他们陷入权力争斗。最后，穆希丁请求苏禄人的支持，在内斗中胜出。为了获得苏禄人的支持，穆希丁许诺将婆罗洲北部的一大片领土（沙巴州）划给苏禄人。从那时起，文莱和苏禄的关系发生了巨大改变。苏禄不再承认文莱的管辖，成为文莱的竞争对手。这为后来文莱与苏禄的领土之争埋下伏笔，是文莱分裂的开始。

在文莱内乱之时，荷兰人现身东南亚海域，控制巴达维亚地区（印尼首都和最大商港雅加达的旧名），实施垄断贸易，对文莱的贸易造成了不利影响。虽然文莱未成为西班牙、荷兰的殖民地，但由于丧失菲律宾北部的贸易地区以及失去对苏禄的管辖，文莱进一步被削弱，其地位逐渐下降。17世纪末，文莱几乎丧失了其传统贸易市场。

❀ 二、18世纪：对抗苏禄，主动寻求英国的保护

为了寻求原料产地和商品市场，英国东印度公司一直在东南亚寻找贸易基地，以便连接中国与印度贸易，直接获取东南亚商品。18世纪中期，英国东印度公司开始到婆罗洲一带活动，1762年，东印度公司与苏禄签订协议，获得了在巴兰潘加岛（Balambangan）建立贸易基地的权利。1773年，巴兰潘加岛贸易基地建成。1775年，巴兰潘加岛贸易基地被苏禄海盗彻底摧毁。因此，英国把目标转向了文莱。这一时期，英国东印度公司曾派代表访问文莱。

18世纪下半叶，苏禄为了控制更多资源和贸易，与文莱的冲突日益加剧。文莱出于对抗苏禄的需要，积极与英国进行接触。在此期间，巴瑶族不再效忠文莱，而是臣服于苏禄。1771年，苏禄苏丹派出由130艘大型船只组成的舰队袭击文莱，劫掠文莱定居点和商船。由于国力衰落，文莱向马尼拉的西班牙殖民者求助，抵抗苏禄。面对苏禄日益猖獗的入侵，文莱开始争取英国的帮助。1774年，巴兰潘加贸易站被遗弃之前，文莱苏丹提出，提供纳闽岛（Labuan）给英国使用。作为交换，文莱苏丹希望得到英国保护。后来，东印度公司因故

放弃了纳闽岛。几年后，英国再次修复巴兰潘加岛贸易基地，同时继续与文莱接触。1803年，英国东印度公司的罗伯特·法夸尔（Robert Farquhar）抵达文莱，当时文莱正与苏禄交战。文莱苏丹再次提出用纳闽岛作为交换，希望得到英国保护。由于当时欧洲陷入了拿破仑战争，英国无暇东顾，拒绝了文莱，再次放弃了纳闽岛。

✿ 三、19世纪：王室再起内乱，领土进一步分裂，沦为英国殖民地

19世纪初，文莱王室内乱再起，加剧了内部危机。1804年，十九世苏丹穆罕默德·塔贾丁（Muhammad Tajuddin，1778—1804）去世，嫡孙奥马尔·阿里·赛福鼎二世尚年幼，奥马尔·阿里·赛福鼎二世的外祖父穆罕默德·罕·祖尔·阿拉姆（Muhamm Jamalul Alam，1804）自立为苏丹，成为二十世苏丹，从此引发王公贵族两派势力对王位的争夺。穆罕默德·罕·祖尔·阿拉姆去世后，他的儿子罗阇·阿佩与两个姐姐争夺王位，罗阇·阿佩失败被杀。这时，奥马尔·阿里·赛福鼎二世（Omar Ali Saifuddin Ⅱ，1828—1852）长大成年，顺理成章地登上王位，成为第二十三世苏丹，而罗阇·阿佩一派没有臣服并继续展开内斗。1846年，奥马尔·阿里·赛福鼎二世对反对派进行大清洗，罗阇·阿佩一派不复存在。这场内乱加速了文莱的衰败。

19世纪初，新加坡开埠成为东南亚著名的贸易中心，对以贸易为生的文莱产生了极大影响。1819年，托马斯·斯坦福·莱佛士爵士（Sir Thomas Stamford Bingley Raffles，英国殖民时期重要的政治家）建立新加坡港，英国人对在婆罗洲或苏禄地区建立贸易基地不再感兴趣。新加坡港可以免受巴达维亚地区（印尼首都和最大商港雅加达的旧名）荷兰人的贸易限制和垄断行为，因此外国和东南亚的商人纷纷涌向新加坡港。文莱的贸易也被吸引到新加坡。由于与苏禄的冲突还在继续，以及担忧荷兰扩张到婆罗洲，文莱仍希望得到英国保护。1824年，苏丹奥马尔·阿里·赛福鼎二世指派一个外交使团访问新加坡，试图与英国恢复联系，开展对外贸易。这个外交使团带领着载有黑胡椒、樟脑、海参、锑块的119艘船只抵达新加坡。在这个时期，锑有较高价值，应用于镀锡行业。

19世纪初，文莱开始尝试恢复和加强对各个管辖区的控制权，由

于沙捞越州的锑矿资源丰富，成为文莱特别关注的焦点。锑矿恰是沙捞越反抗文莱统治的部分原因。1827年，为了牢牢控制沙捞越及锑矿，苏丹奥马尔·阿里·赛福鼎二世派遣彭基兰·因德拉·马格塔（Pengiran Indera Mahkota）到沙捞越担任总督。然而，他的专制统治和强制劳动开采锑矿的行为，深受沙捞越的马来人和达雅克人憎恶，最终导致他们公开反叛文莱。1837年，为了遏制起义，苏丹派彭基兰·穆达·哈希姆（Pengiran Muda Hashim）赴沙捞越平息起义。彭基兰·穆达·哈希姆是罗阁·阿佩的哥哥，属于文莱敌对派系，苏丹故意派他到沙捞越。然而，彭基兰·穆达·哈希姆残酷剥削当地民众，加深了当地达雅克人的不满，他们揭竿起义。

沙捞越的起义为英国的插足提供了机会。1839年，英国冒险家詹姆斯·布鲁克（James Brooke）沿沙捞越河溯江而上，给彭基兰·穆达·哈希姆捎去新加坡总督和英国商人协会的信件和礼物，感谢他帮助了在婆罗洲西北海岸失事的英国船员。当时布鲁克知道当地有起义但拒绝卷入其中，离开沙捞越回到新加坡。1840年，布鲁克再次来到沙捞越，当地起义仍在继续。彭基兰·穆达·哈希姆想平定起义返回文莱，所以他请布鲁克帮助镇压起义。布鲁克同意了哈希姆的请求，条件是任命他为沙捞越州总督。这个条件完全超出了哈希姆的权限范围，不过他依然答应了。布鲁克如期平息起义，他要求赦免叛军，这为布鲁克赢得了叛军的感激和忠诚。哈希姆没有满足布鲁克担任总督的要求，但给予布鲁克一份公文，让布鲁克有权常驻在沙捞越，并在当地谋利。

平息起义之后，沙捞越州总督彭基兰·因德拉·马格塔不想失去自己在沙捞越的地位，因此与彭基兰·穆达·哈希姆的冲突一触即发。此时，布鲁克巧妙地利用了途经沙捞越的英国海军舰艇来获取利益。东印度公司一艘搭载失事英国海员的蒸汽船正返回新加坡，途中刚好经过沙捞越。布鲁克借题发挥，让人们相信该船是来支持他的。狐假虎威之下，布鲁克带领沙捞越的马来追随者一起前往彭基兰·穆达·哈希姆的官邸，指控彭基兰·因德拉·马格塔试图毒杀他的翻译，宣称忠于彭基兰·穆达·哈希姆，要求根据之前的条件任命他为沙捞越总督。彭基兰·穆达·哈希姆没有退路，于1841年9月24日公开宣布，布鲁克担任沙捞越总督。

自此，文莱的历史进入一个新时期，一直到20世纪初，文莱的命运紧紧地与詹姆斯·布鲁克和他的继承人联系在一起。布鲁克后来成为了英国殖民文莱的关键人物。多年来，布鲁克趁文莱苏丹国衰弱之际，肆意掠夺，让文莱变得更加疲弱。受托马斯·斯坦福·莱佛士的启发，布鲁克最初目的是通过扶持彭基兰·穆达·哈希姆及其派系创建一个亲英政府，让文莱逐步走向现代化。彭基兰·穆达·哈希姆认为布鲁克是他们派系在文莱的一个潜在强大盟友。文莱执政者们也希望通过布鲁克与英国人建立更紧密的关系，以帮助抗衡荷兰在婆罗洲的扩张和影响。1842年，文莱苏丹正式任命詹姆斯·布鲁克为沙捞越总督，每年支付2 500美元薪酬。很快，布鲁克就卷入文莱的内部冲突和政治争斗。布鲁克多次设法获得英国海军舰艇的支持，陪同他前往文莱与苏丹进行协商。1843年，在英国海军枪炮的协助下，布鲁克迫使文莱苏丹同意沙捞越不再受文莱管辖，其从总督摇身一变为独立统治者。1844年，布鲁克成功地让彭基兰·穆达·哈希姆当上文莱首席部长，加强了他对文莱的影响力。

在文莱，哈希姆派系的崛起引发一些贵族的怨恨，他们是以彭基兰·乌索普（Pengiran Usop）为首的反英派，计划借助海盗的力量赶走詹姆斯·布鲁克和哈希姆。在布鲁克和哈希姆的威胁下，苏丹表示将采取行动打击海盗，并再次向英国政府提出愿意割让纳闽岛。尽管布鲁克多次请求，英国政府也没有同意接受纳闽岛，且不承认布鲁克是沙捞越州的统治者。1845年，哈希姆派系以彭基兰·乌索普参与奴隶贸易以及囚禁英国海员为由，剿灭了文莱周边的海盗。后来，苏丹在布鲁克的施压下处决了乌索普。但是，英国的行为激怒了文莱的贵族。1846年，彭基兰·穆达·哈希姆和他的兄弟及追随者在夜间遭遇伏击身亡。文莱有一派系指责哈希姆策划政变，说服苏丹下令杀掉哈希姆。四个月后，彭基兰·穆达·哈希姆身亡的消息传到布鲁克那里，布鲁克对自己培养的代理人被杀耿耿于怀。从此时起，布鲁克对文莱的政策和态度发生了变化。布鲁克使用计谋，设法从新加坡总督那里获得英国海军舰队的支持，制造沙捞越遭到攻击的假象，接着说服海军与他一起到文莱。文莱部队率先向舰艇开火，给英军的进攻提供了口实。短暂战斗后，英军到达都城，但苏丹和大部分民众已经逃离。经过谈判，布鲁克允许苏丹返回都城，但要求苏丹向哈希姆的家人忏悔，还要苏丹将沙捞越的主权移交布鲁克，承认布鲁克对沙捞越的统治及矿产开采权。1846年12月，苏丹与布鲁克签署了一份正式条约，把富含煤矿的纳闽岛割让给英国。1847年5月，苏丹与英国政府签订了《英国-文莱友好通商条约》，规定文莱各个港口对英国船只开放；对英国货物只征收固定关税，每吨货物征收1文莱元；未经英国政府同意，文莱不得将其领土转让给第三国或第三人；文莱要配合英国共同打击海盗等。该条约已经将文莱置于英国的势力范围里，标志着文莱沦为了英国的半殖民地。

《英国-文莱友好通商条约》签订后，詹姆斯·布鲁克在英国政府的默许下，和他的侄子查尔斯·布鲁克一起，不断扩张沙捞越的领地，吞并了更多领土。这时文莱国力衰弱，已无力抵抗布鲁克的扩张行为。为了制约布鲁克在沙捞越的扩张，文莱求助于美国，二十四世苏丹阿卜杜勒·穆敏（Abdul Momin，1852—1885）提出把文莱北部的沙巴租借给美国。后来，沙巴的经营权辗转落到了英国商人艾尔弗雷德·登特手里。1881年，登特成立了英国北婆罗洲公司，并得到了英国政府特许授权书。整个19世纪80-90年代，英国北婆罗洲公司与布鲁克统治下的沙捞越王朝对文莱剩余领土的控制权展开了激烈争夺。1885年，二十五世苏丹哈希姆·贾利卢·阿拉姆·阿卡马丁（Hashim Jalilul Alam Aqamaddin，1885—1906）继承王位。文莱面临内忧外患，林梦地区发生起义，英国殖民者对文莱领土虎视眈眈。最终，文莱苏丹抵挡不住来自英国殖民者的压力，1885年将楚桑割让给英国，1987年又将巴达斯割让给英国。此时文莱已经失去大部分领土，但仍然掌控该国最肥沃、人口最稠密的林梦地区。

1887年，文莱面临日益严峻的危机，二十五世苏丹致信维多利亚女王请求保护。1888年9月17日，文莱与英国签署了《保护国协议》，正式承认沙捞越和北婆罗洲是独立领土。英国的主要动机就是牢固控制婆罗洲的西北海岸，因为这是连接印度和中国的贸易海路，英国要确保没有欧洲国家的竞争对手破坏这一贸易路线。《保护国协议》最终没有给文莱带来保障。1890年，查尔斯·布鲁克强行吞并了林梦地区，每年向苏丹支付6 000美元酬金作为交换。虽然苏丹哈希姆拒绝承认，并且不接受每年的酬金，但英国政府默认布鲁克的行为。

接下来的几年，文莱局势继续恶化。文莱的权贵们累积了沉重债务，有些贵族甚至背着二十五世苏丹，图谋将文莱剩余的领土甩卖给查尔斯·布鲁克，整个国家已经濒临破产。查尔斯·布鲁克向苏丹提出，每年支付1.2万美元，获得除苏丹坚决拒绝的文莱河以外的地区。1899年，都东（Tutong）和马莱奕地区爆发严重的骚乱。1901年，在查尔斯·布鲁克的怂恿下，都东和马莱奕两地都要求脱离文莱并入沙捞越。此时，文莱的生存危在旦夕，查尔斯·布鲁克和一些英国官员建议，最好的选择就是让沙捞越吞并文莱，或者把文莱平分给沙捞越和北婆罗洲。1903年，二十五世苏丹写信给土耳其苏丹，提出将文莱交由土耳其统治，以换取帮助夺回林梦。英国当局将这封信截获。英国人不担心土耳其会卷入其中，他们担忧的是文莱苏丹可能与法国和荷兰进行谈判，给英国带来竞争对手。1903年，文莱发现了石油，使得文莱的地位发生了改变。英国担心欧洲的竞争对手可能会利用文莱局势，最终采取了行动。1904年，一直支持查尔斯·布鲁克的英国驻文莱总领事休伊特（G. Hewitt）被召回，马尔科姆·斯图尔特·汉尼拔·麦克阿瑟（Malcolm Stewart Hannibal McArthur）被派去调查情况。麦克阿瑟的工作是分析文莱现状，评估在文莱建立一个类似于在马来半岛运作的英国常驻制度的可行性。

麦克阿瑟在文莱的六个月内，对文莱的政治与司法制度、经济管理体制以及贵族情况等进行了评估。麦克阿瑟认为，文莱苏丹愿意接受英国更大程度的控制。苏丹拒绝承认沙捞越州对林梦的主权要求，也拒绝接受布鲁克就林梦所支付的酬金，这体现了苏丹保持文莱领土完整的极大决心。都东和马莱奕地区的情况比查尔斯·布鲁克所描绘的要好，当地人民不愿被沙捞越管辖。文莱经济形势虽然岌岌可危，但还能支撑下去，英国政府不用担心管理这个国家需要支付较大开销。麦克阿瑟成功说服了英国政府，阻止文莱被沙捞越吞并，决定在文莱建立一个与联邦马来国家相似的英国驻扎官制度。

文莱已经失去了自救的能力，二十五世苏丹决定接受英国的全面保护。1905年12月3日，文莱与英国签订条约，1906年1月2日签订补充条约，两个条约规定文莱接受英国的全面保护，英国派驻扎官管理文莱的内政和外交，保留苏丹君主制度不变。从此，文莱完全沦为英国的殖民地。协议签署后不久，1906年5月，二十五世苏丹去世。

四、文莱现代化进程开启：英国驻扎官制度的建立

文莱九世苏丹穆罕默德·哈桑（1582—1598）为了巩固统治地位，推行了将领土授予行政权的传统制度，如表2-1所示。土地分为三种类型：王室领地（Kerajaan），被赋予苏丹的权力和权威；封地（Kuripan），由拥有维齐尔（部长）头衔的高官管理；图林（Tulin）（即贵族私人遗产土地），由拥有河畔小领地的助理部长切塔利亚（Cheteria）管理。以土地管理制度为基础，形成政府管理制度。政府部门包括维齐尔、切塔利亚（Cheteria）和各类办事处。行政部门有四名维齐尔，每个维齐尔配备两名切塔利亚，而每个切塔利亚又配备两名曼特里。国家的事务信息从上级政府向下级政府层层传递，通过维齐尔进行沟通，将信息传递到下一级政府部门。每个职位都有自己的传统头衔和职能。每个官员需通过委任产生，在职者去世后，这些职位不能继承，保持空缺，由苏丹任命新的官员，而且所有官员都是男性。同时，文莱一直采取一种非正式的咨询委员会或者皇家议会，成员涉及一些核心贵族以及国家政要，构成了非正式咨询委员会，为苏丹提供最重要的信息。随着西方殖民者对文莱展开争夺，传统的土地制度产生了诸多弊端，苏丹授予的权力被腐败官员滥用，这些官员贱卖土地，最终导致土地被外国势力吞并。二十四世苏丹阿卜杜勒·穆敏（Abdul Mumin，1852—1885）时期，为了避免领土被外国势力进一步吞并，苏丹颁布了一道法令，要求维齐尔和图林的持有人不得将土地转让或租赁给外国势力。

表2-1　土地管理的权力划分和授权

土地类型＼权力分配	王室领地	封地	图林 (贵族私人遗产土地)
掌控	土地由苏丹掌控	拥有维齐尔(部长)头衔的官员享有土地	土地归贵族家庭
授权	苏丹的官员管理土地	官员卸任后,土地转给新任官员	土地收益归家族首领所有
所有权	土地收益归属苏丹(如税收)	土地收益作为官员薪酬	土地拥有者可将土地传给儿子或者出售

资料来源：文莱古代史至16世纪的历史。

麦克阿瑟出任文莱首位驻扎官，开始实施改革，开启文莱现代化进程，最迫切的是进行经济改革，实现文莱经济自主。首先，恢复财政收入。文莱收入的潜在来源，如各种专营权、关税和税收，大部分已经被贵族廉价出售或抵押，其他的则落入私人手中。控制这些收入来源并将其纳入新的集权经济，是创造国家收入的基础。联邦海峡殖民地发放了两笔总额近50万叻币（旧英国海峡殖民地的货币单位）的贷款，由驻扎官用来收回各种专营权及支付其他费用，特别是与废除传统土地制度有关的费用。其次，废除传统土地制度。为了换取王室的土地权，驻扎官每年向苏丹支付1.2万美元；为了换取官员的土地权，每年向两个维齐尔（伊斯兰教国家元老、高官）支付6 000美元；图林的土地权则通过每年付款或支付固定金额来解决。废除传统的土地制度，确保从这些土地获取的所有收入都转到新成立的中央政府，用于国家开支、国家管理和基础设施建设。废除传统的土地制度，把所有的土地置于中央控制之下，有效终结了贵族的领土权力。再次，还进行了其他各项改革和创新。引进水稻，取代传统、生产力较低的轮垦；鼓励"水村"的居民离开这座水上之城，定居陆地，以推动经济增长，不过迁徙居民的数量很少。经济改革取得了成功，从1910年到1932年的收入超过了三年时间的开支，1920年文莱开始偿还对联邦马来国的债务。1932年文莱开始出口石油，石油改变了文莱经济，使其在1936年之前偿还完联邦马来国的债务。经过改革的文莱虽然相对贫穷，但已经重建成为一个经济上自给自足、局势稳定、现代化缓慢发展的国家。

麦克阿瑟对文莱的政治体制也进行了改革。首先，废除等级制度，实行文官制度。英国驻扎官成为最有实权的执行者，拥有绝对的管理权，控制着文莱的政治、经济、外交、军事等各个方面。文莱苏丹和大臣实际上只掌管宗教有关的事务，领取固定的薪俸。其次，按照西方文官制度设立政府部门。设立国库、土地管理局、公共工程部门、海关、警察、法院、医院、教育部和邮政局等。1912年，创办第一所马来小学，开始实施现代教育。再次，建立现代司法制度，实行世俗法与宗教法并行。麦克阿瑟帮助文莱制定了刑法、建立审判制度和驻扎官法庭，实行现代司法制度。同时，宗教案件仍然由伊斯兰法官负责。

驻扎官制度实施过程中不涉及马来文化和伊斯兰教事务，对苏丹给予充分的尊重。英国驻扎官以苏丹名义，行使集中的政治、经济权，颁布的所有法律都以苏丹名义进行。整个常驻制度期间，特别是在公共场合，视苏丹为国家最高权力的象征。驻扎官制度持续到1959年，其间曾于1941年被日本的侵略所打断。

第四节　现代时期

❦ 一、日本占领文莱

第二次世界大战爆发后，英国把防务重心放在了新加坡和马来西亚，没有防备日本会入侵文莱和婆罗洲其他地区。1941年12月16日，10 000名日军占领沙捞越州后，抵达文莱西部。6天后，日本占领了整个文莱。由于文莱和邻近美里市（Miri）的石油储备对日本的侵略战争特别重要，英国部队在撤退之时摧毁了石油设施和设备。为了获取文莱的石油，最初日本首任婆罗洲指挥官前田侯爵（Marquis Maeda）对文莱的统治采取了开明宽容态度，苏丹的王位得以保留，文莱人民受到的苦难也没有其他东南亚国家人民那么重。为了巩固统治，一方面日本要求文莱人民必须学唱日本的爱国歌曲，政府官员学习日语，战争结束前，学校都教授日语。另一方面日本煽动反欧情绪，发展和鼓励民族主义。一些文莱马来人被赋予了在英国常驻制度下不会考虑给予的工作和职责，这确实有助于他们对英国人产生不满。日本还鼓励教师在马来学校传播民族主义思想，其中一些教师就是英国人送往马来西亚霹雳州（Perak）的苏丹依德利斯师范学院（现今苏丹依德利斯师范大学，Maktab Perguruan Sultan Idris）学习的，这所学校深受起源于印度尼西亚的民族主义观念影响，成为民族主义思想的温床。

随着战争推进，日本的法西斯统治给文莱国家和人民带来了严重的灾难。日本将文莱作为战争的物资供应地，大肆掠夺能源，钻了16口新油井开采石油。日本对文莱人民的统治越来越苛刻，日本军警变得越来越残忍，文莱人民的生活变得越来越艰辛，粮食严重短缺，人们饥肠辘辘。日本还用各种各样的手段动员文莱人参战，例如：1943年10月成立北婆罗洲志愿军，但收效甚微，因为文莱人民反感日本的法西斯统治。

二、文莱重新成为英国殖民地

1945年6月10日，为了夺回婆罗洲，由澳大利亚人组成的英国军队开始对驻扎在文莱的日军发起进攻，很快获得成功。将日军赶出文莱后，英国以保护国的身份回归，成立军事管理局，采取临时措施，解决最紧迫的战后问题，例如处理由日本人点燃的油田，提供食品、药品，重建警局，修缮战争期间主要是由盟军轰炸损坏的道路和建筑。1946年6月，英国恢复文莱文职政府。1946年9月，常驻制度恢复，文莱重新成为英国殖民地。

战后东南亚民族主义运动兴起，文莱虽然没有发生像印度尼西亚、越南等国家的大规模民族主义运动，但也开始有了民族主义思想萌芽。北婆罗洲巴里桑派穆达文莱分局（Brunei Branch of the North Borneo Barisan Pemuda，BARIP）成立，大多数成员都是教师，主要关注社会问题，例如：增加教育投入、给马来人而不是华人提供更多政府部门的工作等，一些成员也关心国家独立问题。该机构维持了两年就解散了，其成员有的去苏丹依德利斯师范学院继续深造，有的后来于1956年加入了文莱人民党（Partai Rakyat Brunei，PRB）。该机构代表了新的政治意识，反映了文莱民族主义的第一次躁动。

第二次世界大战之后，文莱重建了主要的中心城市，如文莱城（Brunei Town，后改名斯里巴加湾市）、马莱奕、诗里亚等，重点是建造道路、建筑、商店、学校和医院，重建工作进展顺利。文莱发现了更多的石油储备，也提高了生产力，经济实力越来越强。

三、苏丹奥马尔·阿里·赛福鼎三世的崛起

1950年，文莱历史掀开了新的篇章。二十七世苏丹艾哈迈德·塔朱丁（Ahmad Tajuddin，1924—1950）去世后，其弟彭基兰·本达哈拉·奥马尔·阿里·赛福鼎（Pengiran Bendahara Omar Ali Saifuddien，1950—1967）继位，成为第二十八世苏丹，史称苏丹奥马尔·阿里·赛福鼎三世（Sultan Omar Ali Saifuddien Ⅲ）。相对于前面两位未

成年就登宝座的苏丹而言，苏丹奥马尔·阿里·赛福鼎即位时已经35岁，经验丰富。他是第一位接受现代英语教育的苏丹，工作经验丰富，最初在林业部当过实习生，然后在司法机构担任行政官员，1941年加入驻地办事处；1947年被任命为本达哈拉，他在英国官员中也很受欢迎。苏丹奥马尔·阿里·赛福鼎与英国的密切联系，在后来的岁月中对文莱起到尤为重要的作用，特别是在20世纪60年代。

苏丹奥马尔·阿里·赛福鼎为促进国家经济和社会发展进行了一些前所未有的改革。驻扎官制度实施期间，文莱在经济上已经可以维持、自给自足，但仍然很贫穷。20世纪30年代起，随着石油出口，文莱变得越来越富有。1932年之后的20年，文莱国家年收入从150万美元增加到2.766亿美元。石油收益使得国库充盈，苏丹奥马尔·阿里·赛福鼎在决定如何花这些钱的时候，考虑的是如何使国家能够良性长远发展。1953年文莱制定了第一个发展规划，计划五年内增加基础设施、福利和教育的支出，费用为1亿美元。苏丹将建设福利国家作为社会、经济和政治发展的核心，决定不对臣民征税。这个福利政策一直实施至今，尽管文莱是世界人均GDP较高的国家之一，却依然是少数几个没有个人所得税的国家之一。苏丹奥马尔·阿里·赛福鼎致力于将文莱建成一个高福利国家，这对于巩固和加强君主制发挥了至关重要的作用。

苏丹奥马尔·阿里·赛福鼎对文莱政治的发展同样有着远大抱负，开启了国家独立的进程。苏丹希望实行文莱内政自治，开始与英国重新谈判《1906年条约》。1953年，苏丹公开宣称要为文莱制定第一部宪法，在一定程度上实行议会民主。然而，苏丹在推动国家独立的过程中也很谨慎，因为当时面临着复杂的国际和国内形势：国际形势上，第二次世界大战后东南亚爆发了民族主义和反殖民运动；国内形势上，文莱的民族主义也得到了发展。

❀ 四、1959年签订《文莱–英国条约》，获得自治

为了加强战后对东南亚殖民地的控制，英国东南亚总司令马尔科姆·麦克唐纳爵士（Sir Malcolm MacDonald）提出将文莱与沙捞越和沙巴合并，成立婆罗洲联邦的设想，但这个设想没有成功实施。文莱苏丹反对加入婆罗洲联邦。

苏丹奥马尔·阿里·赛福鼎致力于实现国家自治。1959年3月，苏丹奥马尔·阿里·赛福鼎亲率代表团赴英国，与英方就自治权问题和制定宪法问题进行谈判。1959年4月6日，英国和文莱在伦敦签署了条约，该条约取代了文莱和英国于1906年签订的条约，废除驻扎官制度，常驻代表被高级专员所取代，而高级专员将由英国女王在与文莱苏丹协商后任命，在需要时向苏丹提供咨询建议。该条约标志着文莱脱离英国殖民获得自治，但其外交、国防和内部安全事务仍继续由英国负责。1959年9月29日，文莱颁布了第一部宪法，设立行政委员会（后称为部长委员会）、枢密院、立法委员会、宗教委员会及王位继承委员会共五个委员会。

然而，文莱人民党对这一结果并不满意，他们要求实行全面的民主制度和争取文莱的完全独立。

❖ 五、文莱加入马来西亚联邦失败和文莱人民党起义

成立婆罗洲联邦的设想失败后，英国又提出另一个设想，由马来亚、新加坡、文莱、沙捞越和沙巴合并成立马来西亚联邦。文莱苏丹认为可以考虑加入马来西亚联邦，但是他的做法非常谨慎。1962年，马来亚、新加坡、沙捞越和沙巴的代表在伦敦进行会晤，同意马来西亚联邦于次年成立。文莱没有官方代表团出席会议，但发了一封电报，表示苏丹支持马来西亚的理念，条件是任何谈判条款"不应该削弱文莱作为宪法国家的地位"。

加入马来西亚联邦似乎在文莱人民中不大受欢迎，文莱人民党极力反对，1962年地区议会选举也在一定程度上反映了这一点。文莱人民党在选举中赢得了地方议会55个席位中的54个，控制了所有四个区的议会。这意味着由区议会选出参加全国立法院的16名议员全都是人民党的成员。地区议会选举后不久，文莱人民党领导人阿扎哈里开始呼吁，改变文莱不民主的宪法，赋予文莱人民更大权利。接着，12月5日在新立法委的首次会议上，文莱人民党提出三项议案：英国政府将沙捞越和北婆罗洲的统治权归还文莱苏丹；文莱、沙捞越和北婆罗洲组成联邦；英国政府不将文莱纳入马来西亚，并于1963年赋予文莱完全独立的地位。这些议案超出立法委的职权范围，因此被拒绝。文莱人民党激烈批评宪法，对立法委感到失望，因为没有机会通过选举

获得立法委的多数席位。文莱人民党无法通过立法委实现其目标，于是发动了起义。

1962年12月8日早晨，文莱人民党爆发了由武装派别北加里曼丹国家军队（Tentera Nasional Kalimantan Utara，TNKU）领导的起义。起义计划以苏丹为人质，强迫他在赛福鼎清真寺宣读独立宣言，成立婆罗洲联邦，由苏丹担任联邦首领，但没有实权。苏丹无意与叛军合作，由警方专员艾伦·乌特勒姆（Alan Outram）护送到文莱城的警察局。同一天，英国收到消息，苏丹希望英国按照1959年《英国-文莱协议》的规定向文莱提供保护。英国担心文莱人民党的发展会反对君主制、动摇两国关系、破坏国家稳定、威胁油田安全。于是英方迅速做出反应，第一批由北婆罗洲野战部队组成的小分队于当天上午10时左右抵达文莱。12月8日晚，英国首批应急部队从新加坡出发，登陆文莱。苏丹做了全国电台广播，声明反对起义。短短五天内，起义被镇压下去。随后，苏丹取缔了人民党，解散了立法委员会和行政委员会。

起义平息后不久，文莱开始加入了马来西亚联邦的谈判。但是，仍有一些问题无法解决，特别是由谁控制、分配文莱石油收益的问题，马来西亚要求，十年后将由联邦控制文莱的石油收益。文莱加入联邦后降格为一个州。鉴于财政争议和苏丹在马来统治者之中的等级排序等问题，文莱苏丹最后拒绝加入马来西亚联邦。苏丹选择文莱作为独立国家生存，保证维持君主制。

六、实现完全独立

加入马来西亚联邦失败之后，随着形势发展，文莱将独立问题提上日程。这一时期，文莱推动独立进程的压力首先来自外部。1964年英国工党政府当选，该政府随后实行的"苏伊士以东"政策，从包括文莱在内的苏伊士运河以东的军事基地撤军。工党政府明确表示，文莱应该在各个领域承担自治责任，因此需要对1959年条约进行修改。英国政府计划从文莱撤军，希望苏丹实行民主改革。

接下来的十年间，文莱与英国就民主改革和英国完全撤军为主要内容的谈判继续进行。苏丹对这两者都还存在顾虑，认为对失去英国的保护还没做好准备，因为英国在外交事务和防务方面的作用对文莱来说还很重要。文莱是个自然资源丰富但人力资源缺乏的小国，苏丹特别担心文莱的国防。整个20世纪50年代和60年代,东南亚一直不稳定,马来西亚和印度尼西亚曾经有一两次对文莱构成威胁。另外,文莱国内的稳定也需要英国人的帮助,1962年的人民党起义使得苏丹不再信任政党。1970年,英国保守党政府当选,在很大程度上允许文莱维持现状。1971年11月23日,文莱与英国签署了《关于修订1959年协议的友好合作协议》,规定英国仍负责文莱的外交和国防事务,但文莱开始单独负责内部安全事务,获得了进一步的自治权。

1974年,英国工党政府重新上台,与文莱开展了全面独立的进一步谈判,1978年终于达成共识。1979年1月3日,文莱与英国签署了《友好合作条约》,规定条约签署后的五年间,文莱在英国的帮助下,创立新的行政机构和立法机构,收回国防和外交事务的全部职责,该条约于1983年12月31日起生效。1984年1月1日,文莱正式独立。

(本书照片由文莱摄影学会张永发先生提供)

第三章　政治

第一节　　国家标志[①]

一、国名

文莱达鲁萨兰国，英文全名：Negara Brunei Darussalam。Negara 是马来文，意为"国家"；Brunei 一词源于梵文，意为"航海者"，马来人理解为海上商人；Darussalam 是阿拉伯语，英文译为"Abode of Peace"，意为"和平的土地"或"和平之邦"。其全名意思是"生活在和平之邦的海上贸易者"。

二、国徽

文莱国徽系由王室标志发展而来，呈红色，中心图案是一轮上弯的新月，表明文莱是信奉伊斯兰教的国家。从新月中心向上绘有一根棕榈树茎，茎上端伸展着双翼，象征国家的公正、繁荣与和平受到保护。双翼上端是一顶华盖和一面三角旗，象征王室。新月上用金色马来文写着文莱的国家标语：遵照真主的旨意行事。中心图案两侧绘有两只手臂，象征文莱穆斯林向真主祈求和文莱臣民对苏丹的拥护，以及政府谋求人民福利、国家和平与繁荣的决心。在国徽底部绘有一条

---

① 内容主要参考了中国驻文莱商务参赞代表处网站，《文莱国家象征和概况》，2015 年 7 月 6 日，http://bn.mofcom.gov.cn/article/ddgk/zwfengsu/200304/20030400085281.shtml.

写有文莱国名的饰带。

🞉 三、国旗

文莱国旗图案由黄、白、黑三色及国徽组成。1906年，根据文莱和英国两国签订的协议，英国向文莱派出首位常驻专员。根据该专员的建议，文莱决定设计国旗。当时国旗由黄、白、黑三种颜色组成。黄色代表苏丹至高无上；白、黑斜条分别代表文莱在协议上签字的苏丹及辅政的两位亲王。1959年文莱颁布第一部宪法时，规定在原国旗图案上加上国徽组成新的国旗图案，一直沿用至今。

🞉 四、国歌

国歌名为"真主保佑苏丹"，创作于1947年，1951年被正式定为国歌。歌词大意是：真主保佑陛下万寿无疆，公正英明地统治国家，幸福地领导我们臣民，君主国和苏丹生活安宁。真主啊，保佑文莱这个和平之邦。

🞉 五、国花和国鸟①

文莱国花是康定杜鹃。该花由中国传到文莱，相传杜鹃传到文莱的第一天，文莱上空出现紫霞，于是国王将杜鹃定为文莱国花。文莱国鸟是雕。

---

① 南博网，《文莱紫霞杜鹃的传说》，2011年4月8日，http://www.caexpo.com/news/info/culture/2011/04/08/3530735.html.

1953年5月，苏丹奥马尔·阿里·赛福鼎表示，希望为文莱制定一部宪法。为响应苏丹希望为文莱制定成文宪法的意愿，1953年7月，一个称为"吐朱赛朗盖"（Tujuh Serangkai）的地方宪法咨询委员会成立，由七人组成，起草报告并向苏丹提出建议。文莱宪法咨询委员会调查人民对新宪法的要求，分析其他马来亚国家的宪法。经过六年的基础工作和研究，他们提出了一份拟议宪法的建议，其中包括政府提供广泛教育、就业和福利设施的条款。

文莱宪法咨询委员会还在拟议宪法中规定，改变高级专员和常驻代表的现状，将高级专员的权力移交给苏丹委员会。但是，英国的反应并不乐观。1954年年底，英国提出了自己的草案，只接纳了文莱宪法咨询委员会提出的部分建议。对英国起草的文莱《宪法》草案，苏丹和文莱人民认为不切实际，没有接受。苏丹和英国政府之间的宪法谈判继续进行了一段时间，但双方无法达成协议。为了解决问题，英国最终建议，由文莱国务委员会成员前往伦敦进行宪法会谈。宪法会谈于1959年3月23日—4月6日在伦敦举行。会谈进展顺利，双方最终达成协议，签署《文莱-英国条约》。根据这一新协议，废除常驻制度，文莱获得自治权，而外交国防和内部安全事务仍由英国控制。

1959年文莱《宪法》包含以下主要原则：

（1）国家的官方宗教是伊斯兰教，同时允许其他宗教和信仰和平和谐共处。

（2）废除常驻代表的职位，设立高级专员。常驻代表的权力移交给苏丹，高级专员的权力也移交到苏丹委员会，职能是向该委员会提供建议。

（3）苏丹行使国家的最高行政权，并由枢密院、行政委员会（后称为部长委员会）和立法委员会提供协助和建议。枢密院在苏丹行使赦免权，修改或撤销宪法的权力，以及在授予符合马来惯例的职位、爵位、高位和尊称时提供建议。

（4）国家行政职责由首席部长（Menteri Besar）行使，经由苏丹任命，其下设国务秘书、国家财务官员和检察总长，这些职务也由苏丹任命。

（5）行政委员会是国家最重要的机构，由苏丹主持，其职能还包括批准年度预算和追加预算，以便在立法委员会会议上提交。该委员会成员包括七名依据职权的成员，即两名维齐尔（Wazir）、首席部长、国务秘书、检察总长、国家财务官员和宗教顾问。其他成员包括高级专员和七名非官方成员（六名立法委员会当选的成员和一名提名成员）。

（6）立法委员会成员包括：八名依据职权的成员（其中七名是行政委员会成员，另一名官员由苏丹任命）、六名正式成员、三名由苏丹提名的非正式成员，以及从区议员中选出的十六名当选成员。立法委员会是一个立法机构。

1959年9月29日，文莱第一部《宪法》颁布。《宪法》规定，文莱的宗教是逊尼派的伊斯兰教，苏丹作为宗教首领，同时维护其他信仰自由。《宪法》规定，关于行政权，国家最高行政机关归属于苏丹，苏丹是国家元首和首相。以前由常驻代表主持的国务院被由苏丹主持的行政委员会取代。首席部长由苏丹任命，受苏丹直接管辖；而英国高级专员则是政府顾问，不涉及与穆斯林宗教和马来习俗有关的事务。除行政委员会外，《宪法》规定设立另外四个委员会：宗教委员会、枢密院、王位继承委员会和立法委员会。宗教委员会的作用是就伊斯兰问题向苏丹提供建议。枢密院将以协商的方式运行，在苏丹需要就有关《宪法》和任命传统职务的事宜进行磋商时召集会议。王位继承委员会在有需要时确定王位继承，不过宪法的其他条款明确规定了继承的顺序。立法委员会成为国家的主要法律制定机构，由33名成员组成，其中17名由苏丹依照职权提名，其余16名由地区议会通过直接选举产生，而选举将在《国籍法》颁布之后两年内举行。根据《宪法》，文莱建立了"常驻制度"实施53年之后新的文莱内政体制，奠定了文莱现代政治的基础。

文莱的第一部成文宪法自1959年实施以来，进行了几次修改。1971年11月23日，文莱与英国签署新的《关于修订1959年协议的友好合作协议》，规定苏丹和文莱人民在国家的统治和行政中享有完全的国内自治权，文莱的外交和国防事务仍由英国负责。文莱据此修改了

1959年《宪法》。同年，根据苏丹法令，立法委员会也改为任命机构。1984年，文莱独立并收回了外交和国防权力，再次对《宪法》进行修改，撤销了立法委员会，赋予苏丹在没有立法委员会的情况下颁布法律的权力，规定建立组成内阁政府。2004年9月，立法委员会在被撤销20年后恢复，2004年9月29日，举行立法委会议通过了若干宪法修正案，内容涉及政体、司法、宗教、民俗等多个方面，共13项内容，包括赋予苏丹无须经立法会同意而自行颁布紧急法令等法令的权力；制定选举法令，让人民参选从政；伊斯兰教为国教，但人民有宗教信仰自由；以马来语作为官方语言，英语可作为法庭办案语言等。2008年4月，文莱第四次修改了《宪法》。通过修改《宪法》，苏丹的权力以及马来伊斯兰君主制的地位越来越巩固。

第三节　政党

20世纪50年代，在世界反殖民浪潮影响下，文莱出现了首批政党。1956年文莱人民党（Partai Rakyat Brunei，PRB）成立，该党由谢赫·阿扎哈里·本·谢赫·马哈茂德（Sheikh Azahari Bin Sheikh Mahmud）创立。第二次世界大战期间，阿扎哈里被日本派往印尼接受培训，1952年返回文莱。阿扎哈里在印尼时，参与了反对荷兰人的民族主义运动。尽管声称对苏丹忠诚，但是阿扎哈里和他领导的人民党在国家发展理念上与苏丹有很大不同，对君主制度提出了重大挑战。由于成立之初这些政党在反对英国殖民统治问题上与苏丹的目标一致，因此得到了当时苏丹支持。1962年7月—8月，文莱举行唯一一次选举，文莱人民党获得了98%的席位（55席中的54席）。然而，1962年12月，人民党武装派别发动叛乱，因为他们不同意苏丹加入当时提出的马来亚联邦的想法。在新加坡的英国廓尔喀军队援助下，这次叛乱不到五天时间就被镇压。苏丹宣布实行紧急状态，人民党被禁止。宪法的选举条款被搁置，从此以后不再进行选举。

从20世纪60年代开始，文莱实行了长达20多年的党禁政策。20世纪80年代，政党重新出现。1985年5月，苏丹才宣布允许政党注册。1985年9月，文莱民主党成立，成员约3 000名，由马来商人和专业人士组成；同年10月，文莱团结党从国家民主党脱离而成立。1988年，两个党派皆因不遵守法律规定被政府取缔。1995年，国家团结党获政府批准重新恢复，人数不到100人，自称是多元民族政党，支持君主制，忠于苏丹王室统治。2007年,文莱人民觉悟党（Parti Kesedaran Rakyat，PAKAR）被政府注销。2008年，政府在没做任何解释的情况下，再次取缔了团结党。文莱目前只有一个合法政党，即2005年合法登记注册的国家发展党（Parti Pembangunan Nasional，PPN）。

苏丹从根本上不希望文莱发展政党，因此对政党进行严格管控，规定政府公务员、军人和警察不得加入任何党派。文莱人民对政党并不感兴趣，因为文莱政府实行高福利政策，苏丹统治下的政府深得民心，相比之下，政党领导层缺乏吸引力，政党政治不成气候。这种情况下，文莱的政党几乎不能发挥任何政治作用，只在必要时作为民间力量支持政府。

第四节　政治制度

文莱是君主立宪制国家。"马来伊斯兰君主制"（Melayu Islam Beraja，MIB）既是文莱国家意识形态，也是基本政治制度。

一、"马来伊斯兰君主制"的含义

文莱独特而重要的一种价值体系，是自14世纪以来就一直存在的被称为"马来伊斯兰君主制"的国家意识形态。自从第一任苏丹阿旺·阿拉克·贝塔塔尔（Awang Alak Betatar，又名穆罕默德·沙阿，Muhammad Shah）改信伊斯兰教，并于1371年宣布文莱为伊斯兰教国家以来，文莱就开始建立和实行"马来伊斯兰君主制"。之后的历任苏丹，都在维护和加强这一基本文化认同和政治制度。文莱独立之前，英国希望文莱实行民主政治制度。然而，苏丹奥马尔决定复兴君主制的传统特点，授予优秀世袭的彭基兰、贵族和平民以维齐尔、切塔利亚和丕显（文莱传统形式的高级职位）等头衔。1984年1月1日，文莱实现完全独立，苏丹哈桑纳尔·博尔基亚在敕谕（Titah）中明确宣布文莱将永远是马来伊斯兰君主制国家。公告的部分内容翻译如下：

　　……文莱达鲁萨兰国在安拉的祝福下将永远是一个主权、民主、独立的马来伊斯兰君主制国家，遵循逊尼派（Ahli Sunnah Walja-maaah）的伊斯兰教义，根基于自由信任正义原则。

　　敕谕充分说明，"马来伊斯兰君主制"是国家意识形态,文莱的政治文化建立在该意识形态的基础上，将其视为政策制定的指导原则。文莱立国至今，"马来伊斯兰君主制"成为国家的"灵魂"或"身份认同"，影响国家政治、经济、文化等方方面面。

　　"马来伊斯兰君主制"的含义是：文莱是一个马来文化国家，以伊斯兰原则为指导，由人民授权的统治者苏丹领导，苏丹拥有该国至高的权力。其价值观包括：马来意指文莱为马来民族占绝对主体的国家，始终维护和沿袭传统的马来文化与习俗，并确保马来族权利的优先性；伊斯兰教是文莱的国教，不仅是一种精神信仰，还全面规范着文莱社会生活的方方面面；苏丹身为君主，是人民的领导者和保护者，拥有统治国家的最高权力。

二、"马来伊斯兰君主制"的特点

　　苏丹是国家的权力核心，拥有绝对权威。现任苏丹哈桑纳尔·博尔基亚是文莱历史上第二十九任苏丹，他既是国家元首，又担任内阁首相，兼任内阁的国防部部长、财政部部长、外交部部长，同时还是武装部队总司令，掌控行政、立法、司法、军队全部权力。文莱的政治制度完全是苏丹意志的体现，苏丹是国家权力的绝对核心，其领导的政府永不换届，只做必要改组。苏丹执政主要通过以下几个幕僚机构提供建议和对策：一是内阁[1]。二是枢密委员会（司法委员会），三是宗教委员会，四是立法委员会，五是王位继承委员会[2]。

　　伊斯兰教意识形态主导文莱政治生活。伊斯兰教代表了文莱的意识形态，现任苏丹哈桑纳尔·博尔基亚重视强化对国民进行伊斯兰教理念教育，以此巩固君主制。2011年，苏丹在国庆27周年讲话中强调

[1]　原称"行政委员会"，1964年更名为"部长委员会"，1984年文莱独立后又改称"内阁"。

[2]　Brunei Darussalam Annual Report（2005-2009）Part 1，http://www.infor-mation.gov.bn/SitePages/English%20Publication.aspx.

"希望国民重视优良的伊斯兰价值观,青年必须对马来伊斯兰教君主制度有深厚了解"。因此,文莱人从小学到大学以及就业后都把伊斯兰教作为一门必须学习的政治思想课,大学和所有中学都开设"伊斯兰君主政治思想"课程,所有学生必须修读。

伊斯兰教管理和伊斯兰教法律的采用,强化了文莱的伊斯兰化。伊斯兰管理是伊斯兰治理制度,伊斯兰管理的原则也为马来伊斯兰君主制的运行和实施提供了一种有凝聚力的系统方法,为实现"伊斯兰教法律"的目标提供了相关机制和进程。伊斯兰教法律在君主制度中提高了伊斯兰教的价值。2013年10月22日,文莱政府颁布《伊斯兰刑法》,2014年5月1日起该法第一阶段生效。伊斯兰刑法包括使用鞭刑、肉刑(断手足)、石刑乃至死刑等手段来惩罚诸如强奸、通奸等罪行。它与现行民事刑法一起运作。"伊斯兰教法律"不只规定了刑事犯罪的惩罚,它包括文莱穆斯林在社会和社区层面的道德、社会、政治行为准则。

第五节　文莱苏丹及政府

1984年文莱宣布独立后,现任苏丹哈吉·哈桑纳尔·博尔基亚·穆伊扎丁·瓦达乌拉宣布了内阁的6名新成员,由自己担任首相,同时兼任财政和内政部部长。1986年,苏丹决定放弃后两种职责,接替已故父亲担任国防部部长一职。同年,苏丹新任命了5名部长和8名副部长。1989年,工业与初级资源部成立,以促进国家发展。2005年,王储及指定继承人彭基兰·穆达·哈吉·穆特塔迪·比拉(Pengiran Muda Haji Al-Muhtee Billah)就任首相府高级部长。至今,苏丹保留了首相职位。自独立以来,苏丹是国家元首,也是政府首脑。在现任内阁,除了担任内阁首相外,苏丹还兼任本届内阁的国防部部长、财政部部长、外交部部长、警察总长,同时还是武装力量最高司令、文莱大学校长以及文莱穆斯林信仰的最高领袖和捍卫者。

❦ 一、苏丹执政模式

苏丹是国家权力的绝对核心,拥有完全的行政权力,包括修改现行法律条款，实施紧急状态。苏丹任命的5个委员会向他提供建议和对策，这5个委员会是枢密委员会（枢密院）、王位继承委员会、宗教委员会、部长委员会（行政机关）和立法委员会。

1. 枢密委员会

文莱宪法规定，枢密委员会的职能是向苏丹提供有关修改补充或取消宪法条文、任免职务、封赐头衔等方面的参考意见和建议，并负责特赦、颁发荣誉称号或奖励等。枢密委员会成员包括皇室成员和政府高级官员。

2. 王位继承委员会

王位继承委员会就王位继承相关事宜向苏丹提供建议。虽然宪法已确定继承的顺序，但在需要的时候，该委员会决定王位继承次序。苏丹任命王位继承委员会成员。继承仅限于嫡生后裔。

3. 宗教委员会

宗教委员会的职能是就与伊斯兰宗教习俗和仪式有关的一切事宜向苏丹提供建议。该机构负责伊斯兰行政政策，这些政策由宗教事务部贯彻执行。宗教委员会成员包括政府部长、彭基兰·切塔利亚、丕显·曼特里、州一级的穆夫提（伊斯兰教教规权威）、首席检察官、伊斯兰法首席法官以及苏丹任命的其他成员。宗教委员会规定，文莱的宗教是逊尼派（Shafeite）伊斯兰教。苏丹是宗教信仰的领袖。宪法保障宗教自由。

4. 部长委员会

苏丹领导的政府永不换届，只做必要改组。目前，部长委员会行使政府的日常管理职能。苏丹亲自担任内阁首相，可以挑选、解雇内阁其他成员，并向政府官员分配职位。

5. 立法委员会

文莱的立法委员会是国家一院制。文莱不存在当选的议会或全国议会。立法委员会的议员不是经由选举产生而是苏丹直接委任。立法委员会主要职能是向苏丹提供有关政策制定和实施方面的建议。立法委员会每年举行一次会议，通常在新财政年度之前的3月举行。

❖ 二、内阁构成及决策流程

文莱实行内阁制政府，部长委员会或内阁行使政府的日常管理职能。各部门的行政责任由内阁部长行使，如表3-1所示。

表3-1 内阁及部长职责

内阁成员	相关职责
首相府高级部长	信息,国内治安与安全,草案,国家诚信,政府绩效,人力资源管理,执法,能源,监督刑事诉讼,更正,执行法院命令等
通信部部长	交通通信:民航,气象服务,陆路运输,海运,港口,邮政电信
文化青年体育部部长	历史,青年与体育,博物馆,社会发展,语言文学局
国防部部长	监督武装力量,确定军事政策,管理外部安全
发展部部长	土地,调查,环境和公共工程
教育部部长	提供从学前到高等教育的教育服务
财政部部长	监督财政,确定财政政策和管理国家预算
外交与贸易部部长	监督外交事务和国家外贸政策,确定外交政策和管理对外关系
卫生部部长	社区健康,牙科和公共卫生
内政部部长	消防,移民和国家注册登记,劳工,监狱
工业与初级资源部部长	农林渔,工业发展
宗教事务部部长	管理、维护和发展伊斯兰教,指导及引导穆斯林了解和实践伊斯兰教,维护和保护伊斯兰教免受消极影响,使国家法律适应伊斯兰教需要,让国民真正了解伊斯兰教教义

（注：各届内阁改组时，各部随着职能调整，名称会有改变。）

政府决策流程如下：首相府相当于中央政府办公厅，负责协调政府各部门和机构在制定和实施国家政策方面的活动，提供整体政策指导和关键领域指导，如公共财政、经济规划、社会福利、犯罪与司法、能源和安全等，这些领域的负责机构为指定的专门政策部门。在各部门层面，决策和规则起草工作由常务秘书、副常务秘书、主要局长及其高级职员负责。业务和项目的日常管理则由部门中层管理人员处理。高级管理人员对下级人员做出的许多业务决策进行检查。某一级管理层做出的决定提交给一个或多个上级管理层进行检查和确认。通常决策以建议的形式出现。如果决策和建议具有战略重要性，则将其提交首相府，以便由内阁部长呈递给苏丹批准。因此，文莱的政策制定是在两个层面上进行的，即在个别部委和首相府进行。文莱的决策可以说是由下列阶段组成的：

阶段一——问题提交

政府机构/委员会/研究机构/工作组/重点小组的问题、关切和建议提交首相府或直接呈递给首相。

阶段二——问题过滤

政策制定在首相府进行集中（协调）。首相府发挥着关键作用，不仅充当内阁部长委员会和常务秘书长会议的秘书处，而且也过滤有关机构或委员会提出的问题。

阶段三——问题社会化与讨论

常务秘书长会议的作用主要让议题适合社会需要，讨论政策提案，确保彻底分析审查提案，最后连同自己的意见/想法提交内阁部长会议讨论。

阶段四——初步决定

内阁部长委员会有时会面做出初步决定，但这种会议不是很频繁。

阶段五——终极决定

这个过程的最终决策者是苏丹，他最终决策时的身份是首相及内阁部长委员会主席。

阶段六——贯彻决定

这些决定被传达给各有关部门贯彻执行。

文莱内阁每届任期五年。2015年10月22日，文莱政府任命内阁，取消了工业与初级资源部，设立了能源、人力与工业部，初级资源与旅游部。内阁中有首相、部长和副部长共22名成员。穆罕默德·博尔基亚亲王（苏丹的大弟弟）不再任外交与贸易部部长，由苏丹哈桑纳尔·博尔基亚亲自担任。此届内阁尚未到期，2018年1月31日，苏丹提前组阁[①]。此次改组，增设苏丹特别顾问兼首相府部长一职。内政部、宗教事务部、初级资源与旅游部的人员职务不变，财政部副部长（刘光明）提拔为财政部第二部长，其他人员全部更换。2018年9月，苏丹再次对内阁进行了调整，外交与贸易部改为外交部，财政部改为财政与经济部。

---

① Borneo Bulletin: *Sultan reshuffles Cabinet*，2018年1月31日，https://borneobulletin.com.bn/sultan-reshuffles-cabinet/.

第六节　立法委员会

立法委员会是文莱的国家咨询机构，实行一院制，职能主要是向政府提供有关政策制定和实施方面的建议。立法委每年举行一次会议，通常在4月份新财政年度之前的3月份举行。文莱不存在当选的议会，立法委议员也不是由选举产生而是苏丹直接委任。立法委的一些成员也是行政机构的成员。

根据1959年《宪法》，文莱名义上设立立法委员会，实施立法审议，定期举行立法委员会选举。而实际上，只在1962年举行过一次选举，产生所谓的议会。1962年人民党叛乱，苏丹宣布紧急状态后，立法议会被解散。1963年，苏丹调整立法委员会，由原来的33名成员改为21名成员，其中10名是直接选举产生，其余是苏丹任命的6名成员和5名非官方成员。1971年起，立法委员会改为任命的机构，议员和议长均由苏丹任命。1984年2月13日宣布暂停立法委员会，以苏丹颁布圣训的方式代替立法。2004年9月，立法委员会撤销20年后恢复，苏丹任命了21名成员。该委员会的权力也从立法功能缩减至咨询功能。2005年9月，为配合内阁重组，苏丹解散了2004年立法委员会，任命了29名新成员：14名官方成员中有10名是内阁部长（包括苏丹本人），按照各自职权行使权力，其余4名政府成员由苏丹任命，包括3名高级公务员和检察总长；另外14名成员是非政府任职人员，代表当地社区，如村长、中华总商会领袖、杰出商界领头人等；最后还有一名成员被任命为立法委议长，由立法委成员或非成员担任。该届立法委员会于2011年再次被苏丹下令重组。现任立法委员会于2017年1月组建，任期五年，有成员34名。

现任立法委员会本质上是咨询协商机构（不能制定法律），不能凌驾于行政机关的政策和法律制定之上。不过，立法委员会的审议工作是有用的，可以"促使"任命的部长和公务员在立法委会议期间考虑立法委议员的关切和意见，采取行动。到目前为止，讨论的焦点主要是国家预算拨款以及地区和具体重点问题，如失业和贫困。

行政机关成员（部长）也是立法机关的成员，因此这两个政府机构都参与制定和实施法律。行政机关不对立法机关负责，反之亦然。行政机关行使治理国家的权力，承担相应责任。除了贯彻执行法律之外，行政机关也制定某些法律，如法令或行政命令。行政体系通常是法规的来源。

第七节　司法机关

一、世俗法

文莱的司法体系中世俗法与伊斯兰教法并行。文莱的世俗法遵从英国的判例法体系，因此一般都是以英国普通法为基础。文莱大多数法律都被英国普通法所涵盖。大多数法规都有相当多的附加法规，包括规章、规则、命令和通知。

一般刑事案件在推事庭或中级法院审理，较严重的案件由高级法院审理，向英国枢密院提交刑事案件的上诉权已不复存在。民事案件可以通过文莱上诉法院向苏丹提交民事诉讼，最终可上诉至英国枢密院。

民事法院有两级，即最高法院和下级法院，最高法院由高等法院和上诉法院组成，而下级法院由地方法院组成。各级法院的法官由苏丹任命。文莱的地方法官不足10名，他们均为当地人。1991年，中级法院被赋予民事、刑事审判权，有两名中级法院法官，均为当地人。最高法院的高等法院目前由3名法官组成，都是当地人。普通法法院的所有地方法官和主审法官均由苏丹任命。

文莱没有陪审制度。一名主审法官或地方法官单独审理案件，而死刑案件由两名高等法院法官共同审理。最高法院的上诉法院由三名法官组成，他们都是退休的英国法官。上诉法院每年开庭两次，每次持续大约一个月。

二、伊斯兰教法

文莱的第二个法律制度是伊斯兰教法（Shariah）。伊斯兰教法专用于处理与伊斯兰教教义相关的案件，文莱设有伊斯兰教法院。2004

年之前，伊斯兰教法主要处理家庭问题，如离婚、通奸（穆斯林人口中的幽会罪，khalwat）和非法性行为（zina）以及财产继承等问题。2014年5月，文莱正式实施伊斯兰教刑法，引入侯杜德（Hudud）法典，伊斯兰教法院的审判权已经扩大到处理法典规定的刑事犯罪和刑罚。这些罪行包括但不局限于叛教（抛弃伊斯兰教）、抢劫、强奸和谋杀。惩罚包括但不限于死刑和体罚。法典主要适用于穆斯林，但是非穆斯林也可能因"某些罪行"而被指控，包括但不限于在公共场所饮酒和与穆斯林通奸。

伊斯兰教法院的结构与普通法法院类似，区别是：前者没有中级法院，上诉法院为终审法院。所有地方法官和主审法官都是从公务员中挑选的，政府至今没有任命任何私人执业的法官。包括最高行政机关在内的所有政府机构或下属机构均可作为原告或被告出庭。伊斯兰教象征平等，在社会经济政治领域都严格遵守这一原则。这意味着，统治者和被统治者均受到同样的法律约束，不因职位、权力或特权而区别对待。

虽然法官由政府任命，但他们必须遵循安拉的法律，公正执法。从伊斯兰教的角度来看，司法权力直接来自伊斯兰教，对真主负责。接受和遵守安拉及其先知的禁令，立法机构不得改变或修改禁令，也不能制定任何违反禁令的新法律。如果某项伊斯兰教法规对许多阐释开放，这些事情必须由精通伊斯兰法的专门人士通过包括伊斯兰法律专家在内的机构或委员会来阐释。在这种情况下，被授权的机构或委员会可以就伊斯兰教的任何具体禁令没有涉及的事项自由立法。

第四章 军事

第一节　建军简史

16世纪，文莱开始衰落，自身安全难以自保。英国殖民势力进入东南亚后，文莱主动寻求英国的保护。1906—1971年，文莱的内外安全依赖英国的保护。1959年，文莱与英国签署《文莱－英国条约》，明确文莱国防权力由英国控制，国家安全由英国负责。随着逐步走向独立，文莱开始发展自己的军事力量。1961年5月31日，文莱成立文莱马来军团，指挥权由英国控制。1965年5月31日，文莱马来军团被赐予"皇家"称号，名为"文莱皇家马来军团"。该军团刚开始驻扎在马来亚联邦，招募人员接受部队培训。该军团的任务仅限于保卫苏丹宫殿，并对文莱国内和沿海水域的安全负责。

1966年，随着形势变化，该团的职责发生了一定程度上的变化。文莱皇家马来军团负责公共秩序，巡逻国内及沿海水域，提供直升机，管控部队和政府官员使用直升机。该军团为履行职责，有一个连队驻扎在淡布隆区，其余部队都驻扎在贝拉卡斯营（Berakas）。1969年，该部队也在丛林地带发挥作用，威慑外来入侵者。1970年，文莱皇家马来军团继续扩充，更有效地发挥威慑外来侵略的主要作用，同时支持警方维护秩序。

1971年，文莱与英国签署协议，协议规定文莱政府负责"招募、装备、维持足够多的武装力量，以维护国内公共秩序，成为抵御入侵的第一道防线"。英国不再对文莱国内安全负责，文莱获得了内部自治权。因此，文莱政府加大力度装备武装力量，把文莱皇家马来军团的作用扩大到负责内外防御，而不仅仅是维护国内安全。文莱皇家马来军团承担了更大的责任，逐步建立一支包括陆、海、空三军的武装部队。1971 年至 1983 年期间，英国对文莱的外部安全主要发挥咨询作用。

1984 年独立后，文莱收回国防自主权，正式成立国防部。文莱皇家马来军团改名为"文莱皇家武装部队"，隶属国防部。1991 年，文莱皇家武装部队发展成为陆军、海军、空军、支援营和训练学院五部分。2009 年支援营被裁撤，增设联合部队司令部。军队现主要由陆、海、空三军，联合部队司令部和训练学院组成。文莱实行志愿兵役制。2013 年统计总兵力约 7 000 人，其中陆军约 4 000 人，海军 700人，空军 1 300 人，另有 1 000 人的预备部队。[1]苏丹任国防部长兼武装部队最高统帅、五星上将，王储比拉为四星上将。

第二节　国防机制

一、国防政策

文莱的国防政策遵循以下原则：一是维护国家主权、独立以及领土完整；二是促进经济繁荣和社会稳定；三是维护宪法，特别是维护国家的政治、文化和宗教特性。制定国防政策的目标：一是威慑，对外国势力直接或间接干涉文莱内政的企图收挥威摄作用。二是防止颠覆与和平解决冲突，三是促进地区和平与安全，四是维护国家和民族安全，维护公共秩序[2]。

文莱国防部于 2007 年发布了更新的国防白皮书，审查了其防务策略。该白皮书是 2004 年国防白皮书的更新版。2007 年国防白皮书突出了政府防务工作的三大重点：一是防御能力，二是国防外交，三是维护国家和民族利益。

---

[1]　中国驻文莱大使馆：《文莱概况》，2013 年 11 月 23 日，http://www.fmprc.gov.cn/ce/cebn/chn/xnyfgk/t1101827.htm.

[2]　Brunei Darussalam Annual Report（2005-2009）Part 1，第 131 页，http://www.information.gov.bn/SitePages/English%20Publication.aspx.

1. 防御能力

国防部高度重视资源有效整合，重视提高军事行动能力和行动效率，以及有效防范风险的能力。

2. 国防外交

国防外交作为第二支柱，是文莱的第一道防线。国防外交首先保护国家和民族利益，加强国家间沟通与信任，防止冲突，也促进地区和平与稳定。

3. 维护国家和民族利益

提高对武装部队重要作用和职能的认识；获得国营和私营部门、公众和政府机构的全力支持；培养共同责任感和综合防御的理念；参与国家的经济和发展活动；实施国家服务计划。

❖ 二、国防机构

文莱国防部成立于1984年1月1日，由军事和文职两个部分组成。国防部军事部门为：1.作战局（Directorate of Operations）；2.情报局（Directorate of Intelligence）；3.人事局（Directorate of Personnel）4.保障局（Directorate of Logistics）；5.培训局（Directorate of Training）。2007年6月1日，培训局解散，其职能分别归并到作战局、人事局和文莱皇家武装部队培训学院。当天，军事能力管理局（Directorate of Force Capability）成立。国防部为了提高能力和管理，设立了4个新部门：一是督察组（Inspectorate Unit，2005年1月1日成立）；二是战略管理办公室（Office of Strategic Management，2005年12月1日成立）；三是武装部队宗教处（Armed Forces Religious Department，2006年6月26日成立）；四是文莱皇家武装部队联合部队司令部（Royal Brunei Armed Forces Joint Forces Headquarters，2007年12月14日成立）。国防部文职部门分为两个职能领域：一是政策和行政部门，包括国防政策局、行政和人力资源管理局、公共关系局；二是财务和发展部门，设有财务与军需局，以及发展与工程服务局。

此外，国防部部长办事室下还设有战略规划局（The Directorate of Strategic Planning），该局成立于1990年。还有苏丹哈吉·哈桑纳尔·博尔基亚国防和战略研究院（The Sultan Haji Hassanal Bolkiah Institute of Defence and Strategic Studies），该机构成立于2007年4月3日。

第三节　军事力量

为了加强自身防卫能力，解决军事力量不足的问题，文莱扩充并加强了武装力量。现在，文莱的内外安全由四个不同的组织负责：文莱皇家武装部队、文莱皇家警察部队、廓尔喀预备队和廓尔喀步兵营。此外，为了缓解军事人员短缺的问题，1979年1月1日，文莱政府组建了青年士兵连队，招募31人入伍，学习三年制课程。1981年，文莱政府成立了文莱皇家马来团妇女连队。但是，招募人数太少，妇女连队只履行非作战职责，训练使用武器纯粹是为了自卫。

❖ 一、文莱皇家武装部队

文莱皇家武装部队承担四项基本职责：第一，防止外国势力直接或间接损害文莱的主权，防范国内的颠覆活动；第二，开展军事行动对抗侵略、恐怖主义和叛乱；第三，协助警方维护社会治安；第四，作为政府的代表与驻地居民维持良好的关系。

（一）文莱皇家陆军

文莱皇家陆军的历史可追溯到成立于1961年5月31日的文莱马来兵团。马来兵团首次招募的60名新兵在马来半岛的波德申（Port Dickson）接受训练。新兵于1961年11月4日完成训练，自此以后，11月4日成为"文莱皇家陆军日"。文莱皇家陆军是人数最多的军种，约4000人，是文莱国防的主要力量。这支旅级规模的部队下设三个作战营和一个支援营，编制序列分别为第一营、第二营、第三营和支援营，总部设在文莱北部的贝拉卡斯（Berakas）。1962年底，成立第一营（文莱皇家陆军的先锋队），包括：A、B、C、D、E步枪连和支援连队。1975年1月2日，第二营成立。1976年5月10日，第二营移防到都东营地（Tutong Camp）。1994年5月31日，第三营成立，驻扎在珀南琼营地（Penanjong Garrison）。1995年3月24日，文莱皇家陆军管辖的支援连队重新命名为支援营。2005年1月，文莱皇家陆军总部设立督察组。2007年6月21日，第三营换防到海边的红土坎营地（Lumut Camp）。

（二）文莱皇家海军

文莱皇家海军成立于1965年6月14日，其有四个组成部分：作战舰队、行政部门、训练中心、后勤支援，约700多人。1965年6月14日，在摩拉海军基地成立舰艇小队。1968年底，重组后舰艇小队称为海军（ALPAMDB）。1969年，文莱海军装备巡逻艇、"巴拉望"级（KDB Pahlawan）旗舰、沿海巡逻艇和气垫船。1969年3月25日，文莱首次设置海军少尉军衔，苏丹赛福鼎授予第一个海军少尉军衔。1977年，海军ALPAMDB更名为ATLAMDB。1977—1979年，海军三艘导弹炮艇配备30毫米小口径火炮，购置MM38型"飞鱼"反舰导弹（Exocet MM38）。1983年，海军ATLAMDB更名为TLABDB。1991年，改制后海军TLABDB再次更名为ATLDB。2005年1月1日，海军ATLDB更名为文莱皇家海军（TLDB）。文莱皇家海军的总部位于摩拉海军基地，该基地在2013年11月完成了升级。文莱皇家海军捍卫162千米海岸线，阻止外国侵略者来自海上的攻击、进行海上监视以及执行搜索和救援任务。

（三）文莱皇家空军

文莱皇家空军最早组建于1965年。1967年，该军事单位被称为直升机连。文莱皇家空军由5个部分组成：作战部队、防空团、后勤部队、训练部和行政部，约1 300人。文莱皇家空军通过以直升机为主的机群提供海洋领水和陆地边界的空中侦察、战术机动和空中补给。作战联队包括4个飞行中队。1965年，文莱马来军团参与飞行。1966年6月24日，交付2架韦斯特兰"旋风"式MK10直升机，成立直升机小队。1967年，直升机小队更名为直升机排。1967年8月14日，第一批（包括2位当地飞行员）飞行员在英国参加基础飞行课程。1968年，第一中队成立，交付贝尔205A-1型直升机。1981年，第二中队成立，装备波尔考BO105型（Bolkow BO105）直升机。1982年，"基础飞行训练"部队更名为第三中队，获得新的"马歇蒂"教练机（SIAI Marchetti），哈吉·艾哈迈德（Pengiran Dato Seri Laila Jasa Pengiran Haji Abidin Pengiran Ahmad）中校成为了"空中飞翼"第一个当地指挥官。1997年3月6日，第三中队装备新的"皮拉图斯"PC7 MkⅡ型教练机（Pilatus PC7 MkⅡ）。1997年9月12日，成立第四、第五中队。第四中队配备"黑鹰"S-70A型（Blackhawk S-70A）直升机；第五中队配备"空中科技"CN235型固定翼飞机（AirTech CN235 fixed wing）。防空团成立于1999年1月4日，包括第三十三中队、第三十八中队、基地防御中队。

（四）文莱皇家武装部队支援营

文莱皇家武装部队支援营包括以下部门：文莱皇家武装部队军乐队、医疗卫生服务、消防救援、物流仓库、牙科服务、部队运输、总部连队和营地副官办公室、宪兵队、文莱皇家武装部队博物馆、女子连队和信号中队。2009年1月2日，文莱皇家武装部队支援营解散。

（五）文莱皇家武装部队培训学院

文莱皇家武装部队培训学院成立于1969年4月7日，负责为部队培养军事人才。

二、其他准军事力量

（一）文莱皇家警察部队

1905年，文莱创建海峡租界警察分遣队，这是文莱第一支正规警察部队。1921年，海峡租界警察分遣队改名为文莱皇家警察部队，并在1965年被正式命名。1984年1月1日文莱独立后，文莱皇家警察部队隶属首相府[1]。2013年统计，皇家警察部队约有3 000人[2]。

（二）廓尔喀预备部队

廓尔喀预备部队（尼泊尔雇佣军）约有2300人[3]，用于保护皇宫和政府设施。这支预备部队由苏丹独立招募并直接指挥。实际上，这支预备部队是负责文莱国内安全的独特组织。廓尔喀预备部队士兵的招募十分谨慎保密，他们主要由退休的英国廓尔喀军人和军官组成。廓尔喀预备队主要作为保护苏丹的卫队，防止苏丹受到任何可能出现的国内外威胁。

---

[1] 邵建平、杨祥章：《文莱概论》，世界图书出版公司，2014年版，第195页。
[2] 中国驻文莱大使馆：《文莱概况》，2013年11月23日，http://www.fmprc.gov.cn/ce/cebn/chn/xnyfgk/t1101827.htm.
[3] 中国驻文莱大使馆：《文莱概况》，2013年11月23日，http://www.fmprc.gov.cn/ce/cebn/chn/xnyfgk/t1101827.htm.

（三）廓尔喀步兵营

文莱还有一支由 800 名廓尔喀士兵和 200 名英国士兵组成的驻守石油城诗里亚的英国廓尔喀步兵营。廓尔喀营是一支独特的国防军队。廓尔喀营可以威慑任何外来袭击，同时也维护国家整体安全，特别是重点保护马莱奕区（Belait）和诗里亚市（Seria）的油气设施。廓尔喀营还守卫机场和贝拉卡斯营的文莱皇家马来团 748 飞机机库。

1968 年 4 月，英国决定将英军从远东撤出之时，苏丹同意支付每年约 100 万英镑的全部费用，维持廓尔喀军队开支。廓尔喀军队从 1963 年在文莱驻扎以来，文莱政府一直愿意支付维持该军队的一半费用。最初，英国政府拒绝在文莱保留廓尔喀营，后来考虑到要维护荷兰皇家壳牌集团在文莱开采石油资源的利益，英国最终同意让廓尔喀营留在文莱。

文莱独立之前，在廓尔喀营指挥权问题上，与英国政府有过分歧。1983 年 9 月，英国与文莱签署了国防协议。根据协议，廓尔喀营将直接向英国政府汇报，而不是向文莱汇报。文莱将继续支付廓尔喀营的维持费用，但如果文莱与邻国发生冲突，廓尔喀营将撤出文莱。该协议还包括继续借调英国军官和士官在文莱皇家武装部队（RBAF）担任技术与咨询角色。这是一项无最终期限的协议，但如果各方同意，协议可以在 5 年后修改。

第四节　国防建设

由于自身军力有限，文莱的安全防卫存在脆弱性。因此，文莱与国内外一些国家建立了军事关系，以提高自身安全。

一、文莱与新加坡的军事关系

为了加强国防，文莱与新加坡建立军事合作关系。新加坡出于自身国防需要，也主动与文莱进行军事合作。20 世纪六七十年代，新加坡总理到访文莱，之后文莱与新加坡达成了军事合作的原则性协议。1977 年，文莱向新加坡开放淡布隆地区的丛林训练设施，以便新加坡军队定期接受培训。同年，110 名新加坡士兵组成的连队在淡布隆地区开展了第一期基础丛林战争训练。1983年，新加坡共和国武装部队的一家新训练营也在淡布隆的拉昆（Lakiun）训练营正式开营。

与此同时，新加坡接纳文莱官兵到各种军事场所开展训练。1983年9月，新加坡共和国武装部队首次与文莱皇家马来军团进行联合信号演习；1983年11月，新加坡共和国武装部队步兵连队参加了文莱皇家马来军团的演习。新加坡还向文莱提供了一些军械，例如向文莱皇家马来军团提供了重型迫击炮的备件和炮弹，代替英国81毫米迫击炮。新加坡也为文莱建造了快速巡逻艇。20世纪70年代，新加坡的沃斯珀船厂（Vosper Yard）向文莱皇家马来军团提供了快速攻击和沿海巡逻艇。

1981年10月6日和11月28日，文莱与新加坡签署《新加坡和文莱关于新加坡武装部队（SAF）在文莱开展训练的交换文书》。1983年4月25日和6月9日，两国签署《新加坡和文莱关于新加坡武装部队（SAF）在文莱开展训练的交换文书》。

❖ 二、文莱与印度尼西亚的军事关系

2003年4月10日，文莱与印度尼西亚签署《两国政府间国防合作谅解备忘录》，基本内容有：技术合作；产品支持和服务；促进国防机构、国防工业之间的合作；交流情报、信息，国防科技合作（包括人员交流）；促进国防机构的人力资源管理（包括访问）；武装部队合作，包括联合军事训练、演习和后勤保障。

❖ 三、文莱与马来西亚的军事关系

1992年2月14日，文莱与马来西亚签署《两国政府间国防合作谅解备忘录》，基本内容有：促进国防、军事合作；设备、技术操作（包括军事训练、演习，人员、信息交流）；联合工作委员会每年开会进行磋商。1998年4月27日，两国签署《两国政府间关于文莱皇家武装部队和马来西亚武装部队参与双边演习的协议》，双方同意促进实施双边军事演习。

❖ 四、文莱与菲律宾的军事关系

2001年8月22日，文莱与菲律宾签署《两国政府间国防合作谅解备忘录》，基本内容有：促进国防、军事合作；军事训练、演习；人

员、信息交流；联合工作委员会每年开会进行磋商（可以设立小组委
员会）。

五、文莱与越南的军事关系

2005年11月16日，文莱与越南签署《两国国防部关于部分领域
的国防合作谅解备忘录》。

六、文莱与英国的军事关系

文莱独立后，继续与英国保持密切的军事合作关系。1994年12
月，文莱同英国签订了《国防合作谅解备忘录》，英国在国防工业和军
事人员培训方面给予文莱援助，并向文莱出售所需武器装备。除了帮
助文莱培训高级军官、提供武器装备外，还派驻军事顾问。1979年1
月7日，两国签署《两国政府间的友好合作条约及换文》。1983年9月
22日，两国签署《两国政府间关于向文莱武装部队派遣英国武装部队
人员的谅解备忘录》，基本内容有：向文莱皇家武装部队（RBAF）提
供英方人员。1983年9月22日，两国交换照会，英方继续向文莱武装
部队提供援助及文莱向英方武装部队提供训练设施。1995年6月19
日，两国交换照会，从1993年9月29日起五年内英国廓喀尔营继续留
驻文莱。两国交换照会，从2003年9月29日起五年内英国廓喀尔营继
续留驻文莱。2002年12月31日，两国签署《两国政府间关于成立国
防合作联合委员会的谅解备忘录》。

七、文莱与澳大利亚的军事关系

1999年5月10日，文莱与澳大利亚签署《两国政府间国防合作谅
解备忘录》，基本内容有：鼓励互访和人员交流；在发展和设备采购中
合作；参加训练和演习；促进交流和技术转让；信息交流；联合工作
委员会每年开会进行磋商。2003年8月29日，两国签署《澳大利亚国
防部队与文莱皇家武装部队之间关于后勤相互支持的协议》。

八、文莱与美国的军事关系

1994年11月29日，文莱与美国签署《两国政府间防务合作谅解
备忘录》，合作内容包括：军事演习；人员交流和军事训练；物流合

作；船舶、飞机互访和进入权及使用设施；联合工作委员会每年开会进行磋商。

九、文莱与法国的军事关系

1999年2月25日，文莱与法国签署《两国政府间关于国防事务和国防设备合作的协议》，合作内容包括：确定共同防御利益的领域；促进交换和共享信息，互访和人员交流；训练和演习；技术交流和转让；联合工作委员会每年开会进行磋商。

十、文莱与中国的军事关系

2003年9月12日，文莱与中国签署《文莱国防部和中华人民共和国国防部关于开展军事交流的谅解备忘录》，合作内容包括：促进国防和军事合作；对共同关注的双边和全球问题交换意见；组织双边军事交流（包括访问、培训、装备和军备合作、体育和文化活动）；考虑其他共同关注的问题；（必要时）双边磋商。

近年来，文莱与中国之间的军事交流也逐步展开。2015年1月，文莱举办第十一届国际武器实用技能比武，该赛事自1985年开始举办，每三年举办一次，是专业水准较高的国际军事射击赛事。2015年有16个国家的18支代表队参赛，是历届规模最大的一次。中国人民解放军派出由35人组成的代表团首次参赛，参加了全部比赛项目，取得一个个人第一和两个团体第三的成绩。2015年2月1日，解放军副总参谋长王建平出席第十一届文莱国际武器实用技能比武闭幕式，会见了文莱皇家武装部队司令塔维，双方表达了进一步加强交流与合作的意愿。

十一、文莱与乌克兰的军事关系

2006年1月25日，文莱与乌克兰签署《两国政府间国防合作谅解备忘录》。

十二、文莱与巴基斯坦的军事关系

2004年5月19日，文莱与巴基斯坦签署《两国政府间国防合作谅解备忘录》。

第五章　文化

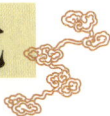

第一节　语言文字

一、文莱语言形态

（一）马来语

文莱《宪法》明确规定，马来语是国语。文莱马来语可分为两类：标准马来语和文莱马来语。正式交流且在学校传授的语言是标准马来语，起源于西马来西亚。文莱的标准马来语非常接近马来西亚半岛和新加坡使用的标准马来语，特别是在词汇和语法方面。文莱马来语有三种方言：斯里巴加湾方言、"水村"方言和克达阳方言。文莱马来语是该国使用最广泛的本地方言，据称起源于"水村（Kampong Ayer）"方言。文莱马来语的使用遍及全国，但主要集中在首都斯里巴加湾市以及"水村"地区。文莱马来语也在马来西亚的一些地区广泛使用，包括沙捞越州的林梦地区、沙巴西南沿海地带及纳闽岛，这些地区靠近文莱，且历史上曾属于文莱。文莱马来语和标准马来语之间的词汇同源性为84%，表明这些语言十分相近。

文莱人既说两种马来语方言，也说自己的民族语言。文莱马来族有七个原始族群（克达阳人、比沙雅人、都桑人、姆鲁特人、马莱奕人、都东人和文莱人），每个族群都有自己独特的语言：文莱马来语、克达阳语、都桑语、比沙雅语、都东语、马莱奕语和姆鲁特语。七个族群分散居住在四个区，文莱-摩拉区和都东区使用比沙雅（Bisaya）语，都东地区使用都东语，马莱奕区使用马莱奕语，淡布隆区使用姆鲁特（Murut）语，都桑语（Dusan）在都东和马莱奕区也常用；文莱马来语是马来语的地域变体，四个区都使用，不过主要是文莱-摩拉区使用。文莱的两个原始族群，即克达阳人（Kedayan）和文莱人，他们虽然居住在不同的次区域，但都会讲文莱马来语。语言学家诺瑟夫（Nothorfer）指出，文莱马来语和克达阳语之间的词汇同源水平较高，为94％。文莱还有另一种重要的南岛语语言伊班语（Iban）。除土著民族语言外，文莱四个区使用的马来语除个别词汇发音略带地方音外，差距非常小。

（二）其他语言

英语是通用语言，成为文莱第二大语言。大多数文莱人可以用英语说和书写，这主要归功于1985年出台的双语教育制度。现在文莱学校许多科目主要用英语讲授，包括伊斯兰研究。还有一部分文莱人在英国接受高等教育，英语水平相当高。

汉语是文莱华人的主要语言。华人占文莱人口的10％，是文莱最大的少数民族，至今仍广泛使用汉语。同时，文莱华人也讲多种汉语方言，包括闽南语、粤语和客家话。然而，当今时代，通过文莱马来价值观的内化、社区参与和社会化过程，大多数华人居民都可以毫不费力地听懂和使用马来语。

❧ 二、文莱政府的语言文字政策

文莱苏丹十分重视在各个层面使用马来语，他在讲话中反复强调：文莱人有义务和责任优先使用和保护马来语，精通马来语口语和写作，在日常生活中运用马来语。文莱语言文学局最近进行的一项研究发现，文莱大约有50％的民众在家里用马来语交流。大多数小学生把马来语作为口头交流的一种形式，但马来语的使用在中学阶段有所下降；在社区层面使用马来语的人也在减少。此外，许多人使用马来语和英语的混合语。文莱政府将马来语使用纳入国家教育中进行强化，包括"21世纪国家教育制度"。

第二节　文学

❖ 一、经典传统文学：神话传说与民间故事

神话传说与民间故事是文莱传统文学创作的重要形式，经代代相传或是口口相传而保留下来。这些传说和故事通常是真实存在或人们认为曾经存在的人物和地点的传统简短口头叙事，经历了时间的考验，影响了世世代代的文莱人。

1. Nakhoda Manis（纳霍达·曼尼斯）的传说。Nakhoda Manis（纳霍达曼尼斯）是关于不孝儿子的故事。传奇故事在文学中也被视为寓言故事，因为传奇故事有教育意义。Nakhoda Manis（纳霍达曼尼斯）传说指出，无论何种情况，文莱人都不应该对父母不孝，人们应该永远记住父母为他们所做的牺牲。

2. Lumut Lunting（鲁目伦汀）和Pilong-Pilongan（毕弄–毕弄俺）的故事。该故事讲述了两只经过特殊训练、体格健壮的公鸡（名叫Mutiara和Asmara）之间的争斗，而观众对斗鸡进行下注，最后，斗鸡以国王玛加巴歇（Majapahit）的诅咒而结束。结果，公鸡Mutiara变成了一块岩石，成为一个叫Lumut Lunting（鲁目伦汀）的岛屿；公鸡Asmara也变成了一块岩石，成为一个叫Pilong-Pilongan（毕弄–毕弄俺）的小岛。故事指出，Lumut Lunting（鲁目伦汀）小岛永远不会被水淹没，无论水位上升多高。但是，如果小岛被水淹，则预示不祥，例如，国王驾崩或不幸事件的发生。

有关更多文莱的神话传说和民间故事，尤诺思（Yunos）的著作《怪兽、神龙和仙女》（*Monsters, Dragons and Fairies*）有记载。这本图书收录了一系列婆罗洲和文莱的神话和传说，涵盖了不同主题，即自然或社会现象的主题。此外，该书还收录了有关文莱村名来历的故事。

❖ 二、现代马来文学：诗歌与小说

1. 诗歌

文莱现代马来文学的发展一般是指19世纪40年代以后出版的作

品，尤其以 1847 年马来叙事诗《拉基诗集》（*The Rakis Poems*）的出版作为标志。该经典诗集的作者是彭基兰·沙班达尔（Pengiran Shahbandar Pengiran Mohd Salleh）。诗人彭基兰·沙班达尔认为，应维护文莱的独特地位和保存苏丹国的重要性，这使他被称为文莱现代马来文学之父。另一著名诗篇是史诗《瑟玛翁先生古诗》（*Syair Awang Semaun*），它讲述了文莱英雄在文莱河建立新国家后开始征服梅拉诺（Melanau）王国的故事。阿旺·瑟玛翁（Awang Semaun）是文莱的第一任苏丹阿旺·阿拉克·贝塔塔尔（Awang Alak Betatar，1363—1402）的兄弟，他能力非凡，帮助文莱帝国在整个婆罗洲进行扩张。

2. 小说

小说在马来文学方面的发展较晚。小说家尤拉·哈利姆（Yura Halim）创作的首部文莱小说《宫廷大臣成为苏丹》（*Bendahara Menjadi Sultan*）或称为《血染王冠》（*Mahkota Berdarah*）在 1951 年才出版。该小说试图从意识形态方面打破现状，但大部分内容受到英国当局严格审查，并被认为该小说的民族主义色彩过浓，许多内容被删除。文莱第二部小说由沙烈（M. M. Salleh）撰写，名为《族群统治者的未婚妻》（*Tunangan Pemimpin Bangsa*），于 1952 年出版。这部小说是该作家在被拘禁期间创作的，手稿被私运出来，到了新加坡人哈伦·阿米尼拉希德（Harun Aminurrashid）手里，随后在马来西亚得以出版（Gallop，2004）。之后，直到 1968 年文莱才有更多的小说出版。穆斯林·布尔马特（Muslim Burmat）是一位多产且写作效率高的作家，他创作了 17 部涉及生活方方面面的小说。

三、文莱政府发展文学的政策

为了认可、支持以及进一步鼓励文莱本土作家创作更多文艺作品，文莱语言文学局向本国马来作家颁发奖项，奖励他们对文莱马来文学的贡献。文莱的英语作家没有类似的奖项。20 世纪 80 年代，文莱政府鼓励文莱学生到马来西亚的大学继续深造，帮助促进马来作家的成长和增加马来文学作品数量。文莱语言文学局出台有关举措，如由马来西亚著名文学家举办讲习班等。目前，马来文学科目被纳入马来语教学。低年级的学生通常从传统诗歌、谚语和民间故事开始学习；九年级的学生可以接触到经典文本、现代散文和现代诗歌；大学生通过马来文学课程学习和研究更广范围和更多类型的地方马来文学作品。文莱的国家教育课程体系忽视培养文莱学生对英语文学的兴趣或赏析，而东南亚或文莱的作品就更少涉及。

第三节 艺术

20世纪50年代初，文莱政府开始积极支持文莱艺术文化发展。1975年，文莱成立艺术和手工艺品中心，主要目的是保护和促进艺术和手工艺品的发展。

一、乐器

在文莱的众多传统乐器中，最受欢迎的是马来传统敲击乐器"鼓铃铛"（Gulingtangan）。它是一个扁平圆形的乐器，发出类似锣的声音，它是由一种特殊木材（Timbaran）制成。鼓铃铛（Gulingtangan）通常与其他乐器一起演奏，包括鼓铃铛（gulingtangan）、大小锣（gongs），大的铜锣（tawak-tawak）、gendang labik（双面长鼓，中间略凸，两端稍小）和canang（类似锣的乐器）。在过去，鼓铃铛（Gulingtangan）演奏的时候是放在演奏者腿上；而现在，它放在一个木架（称为"langkungan"）上，由一组八个小锣组成。这些锣根据音调从最低音到最高音进行排列。谷铃当俺（Gulingtangan）主要由两个族群（即姆鲁特人和克达阳人）在婚礼仪式中演奏。为了做好鼓铃铛（Gulingtangan）的传承，现在采取将传统乐器与现代乐器结合的方式——让马来音乐风格与现代乐器（如吉他、贝斯和电子琴）融合，增强鼓铃铛（Gulingtangan）的声音，丰富其表现形式。这种传统乐器的演奏和练习纳入学生课外活动。

另外，文莱的传统乐器还有手鼓（Rebana）和高脚鼓（Dombak），主要用于文莱民歌和舞蹈表演的伴奏。

二、歌舞

文莱有各种各样的传统民歌，大多数民歌有自己的舞蹈动作和步法，人们穿着不同的服装或装束。民歌故事情节主要源于历史故事和日常生活。例如，渔民捕鱼时哼唱的《亚代-亚代》（*Adai-Adai*）歌曲。这首歌曲描绘了"水村"（Kampong Ayer）渔民的生活，歌曲内容即"indung"（父亲）试图让孩子入睡，这样他们就可以出海捕鱼，养家糊口。在《亚代-亚代》（"*Adai-Adai*"）歌曲中，舞蹈的动作看起来像是模仿划船的动作。过去，男性舞者穿着传统的捕鱼服装，戴着"siraung"（宽沿帽子），拿着"pengayuh"（船桨）。而女性舞者则穿着传统的"baju kebaya"（卡巴雅）服装。但是，在现代《亚代-亚代》（*Adai-Adai*）歌曲中，男性舞者仅穿着传统的"baju cara melayu"（传统马来风格长袍）服装，"sinjang"（传统织布）和戴着帽子，腰间缠着编织布。女性舞者则穿着传统的"baju kurung"（库朗），即一种齐膝长袍，外罩齐脚的宽松纱笼），并用"kain batik selendang"（蜡染纱笼）包着头部。

另外，其他类型的歌舞包括《亚杜-亚杜》（*Aduk-Aduk*）和《亚鲁斯-朱瓦-汀当》（*Alus Jua Dindang*）。前者是一种克达阳人的音乐礼仪舞蹈，尤其在收获季节结束时表演；而后者则是技艺精湛的音乐家在特殊典礼和传统婚礼庆典上演奏的马来音乐。

🌸 三、手工艺

文莱的手工技艺也很丰富，包括银器锻造、运动器械、武器加工、装饰物品制作、青铜加工、篓编、木雕刻品、马来武术（Silat）和船只制作。文莱苏丹及政府都很重视保护和推广这些文化艺术遗产，采取了一些保护措施，包括制定文化政策、建立文化和传统机构（文莱历史中心、艺术和手工艺品中心）以及出台法规等。

（一）编织

编织是文莱最古老的手工艺术之一。文莱生产一种织布"Kain Tenunan"，用于制作精美的礼服和纱笼（sarong）。"Kain Tenunan"是一种有金线或银线的布料，当地称为"Jong Sarat"（一种当地传统纺织的布料），通常在婚礼和其他正式场合穿着。这种当地编织的纺织品代表了文莱的习俗和传统，也可当作礼物送给客人，用于表达善意和巩固关系；同时也是臣民送给苏丹的礼物（称为pesambah），作为表达对君主忠诚的一种方式。

（二）篓编

另一个著名的文莱传统手工艺是篮子编织，通常可以在露天市场（Tamu）中看到。手工艺人把竹子、藤条和其他植物的叶子编成各种物品，这些物品的尺寸、形状和颜色各不相同。比较流行的篮子编织叫作"Takiding"，用来背农产品。另一种篮子编织是Nyiru，它是竹篾编成的托盘，用来装风干食物和筛稻谷。用于编织的竹子主要有三种不同类型：布鲁-尼必斯（buluh nipis），布鲁-纳纳（buluh nanap）和布鲁-峇车（buluh batong）。使用最广泛的是布鲁-纳纳（buluh nanap），而布鲁-纳纳（buluh batong）可以盛水。尽管文莱的手工艺品有着深厚的文化与传统，但有兴趣学习这项技艺和技能的年轻人却越来越少，导致这个行业难以传承。

四、传统建筑艺术

在文莱，不同民族有不同的建筑特点，马来风格和伊斯兰风格相结合构成了文莱建筑的主流风格。马来风格建筑的源头是水村民居，伊斯兰风格建筑在王室宫殿和清真寺中发展到了高峰。因此，水村民居、王室建筑、清真寺成为文莱传统建筑的代表。此外，土著民族的长屋、华人的中式建筑仍然保留着各自的历史、文化特点，但不是主流。

（一）水村民居——高脚屋

在文莱首都斯里巴加湾市文莱河上，有世界上最大的高脚屋村落——"水村"（Kampong Ayer）。水村的高脚屋和文莱河上的所有建筑物都通过木桥和一些重新安置区的混凝土桥梁相连接。这个村庄已有四百年历史，现有约3万居民，1978年成为国家级文化遗址，是最受欢迎的旅游景点之一。水村居民多为马来族。最初的几位文莱国王也曾在水村度过一生，死后才葬到陆地上，因此水村被看作文莱历史文化的发源地。2009年，文莱旅游局投资兴建了一座水村文化馆，旨在系统展示文莱独具地方特色的水村文化，包括历史、风俗、生活及手工艺术等。

（二）王室建筑、清真寺

王室建筑的代表是努鲁尔·伊曼王宫、王室陈列馆。清真寺的代表是奥玛尔·阿里·赛福鼎清真寺、哈桑纳尔·博尔吉亚清真寺。文莱实现国家独立比较晚，以上建筑基本是文莱现任苏丹（1967年至今）建造。

（三）现代建筑

介于水村民居与王室建筑、清真寺之间，还有大量的现代建筑，这些建筑融合了马来民居特点、伊斯兰风格以及现代建筑元素，例如水村文化馆、苏丹基金大厦商业广场、工艺美术中心、帝国饭店等。

（本书照片由文莱摄影学会张永发先生提供）

第六章　社会

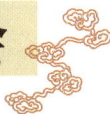

第一节　人口与民族

一、人口

　　文莱没有实行计划生育政策，人口自然增长。自20世纪60年代以来，文莱人口数量保持逐年平稳上升趋势（见表6-1）。2018年，文莱总人口约为442 400人，与2017年相比自然增长了约1.5%。其中男性233 400人，占总人口51%；女性209 000人，占总人口49%，总人口性别比例基本平衡。14岁以下91 600人，占总人口22%；15~64岁330 600人，占总人口72%；65岁以上20 200，占总人口6%，人口结构比较合理。文莱–摩拉区307 000人，马莱奕区73 200人，都东区51 300人，淡布隆区10 900人。马来族290 700人，华人45 600人，其他民族106 100人[①]。

---

　　①　Economic Planning and Development/Prime Minister's Office / Brunei Darussalam:Population, http://www.depd.gov.bn/SitePages/Population.aspx.

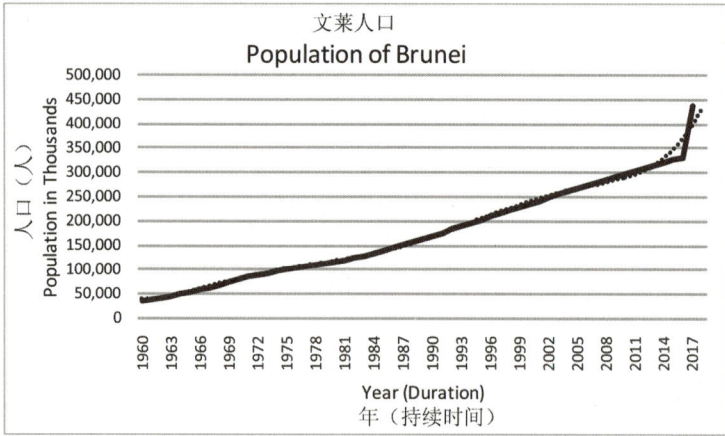

图6-1　1960年以来的人口变化情况

（资料来源：联合国，2017年）

表6-1　2014—2017年文莱人口情况　　　　　　　单位：人

年份	2014年	2015年	2016年人口普查更新	2017年
总人口	407 600	412 400	417 256	421 300
男性	209 700	211 900	214 104	216 400
女性	197 900	200 500	203 152	204 900
按区域分				
文莱–摩拉区	282 900	286 200	289 630	293 300
马来奕区	67 500	68 300	69 062	69 600
都东区	47 200	47 800	48 313	48 300
淡布隆区	10 000	10 100	10 251	10 100
按年龄分				
0—14岁	95 700	94 400	93 159	91 700
15—64岁	293 600	298 200	302 498	307 000
65岁以上	18 300	19 800	21 599	22 600
按种族分				
马来族	267 800	270 900	274 138	277 300
华人	42 000	42 500	42 995	43 100
其他民族	97 800	99 000	100 123	100 900

（资料来源：文莱首相府经济规划与发展局。）

🌸 二、民族

文莱的民族分为原住民族和外来民族，原住民族包括马来族和被统称为"达雅克人"的土著民族，外来民族主要有华人及来自英国、印度等国的移民。马来族与华人及其他种族和谐共处，社会安定。文莱政府的民族政策是维护马来族人利益，大力推行马来化。文莱政府为外来民族获得公民权设置了多重障碍，使他们不能轻易享有本国公民的高福利待遇。同时，为促进经济发展和民族融合，文莱政府又为外来民族提供了经济和文化发展的空间。

（一）马来族

根据1961年文莱《国籍法》，马来族分为七个原始族群，即克达阳人（Kedayan）、比沙雅人（Bisaya）、都桑人（Dusun）、姆鲁特人（Murut）、马莱奕人（Belait）、都东人（Tutong）和文莱人（Brunei）。文莱马来族的起源可以追溯到文莱湾地区的非伊斯兰原住民族群。因此，比沙雅人和都桑人习惯把原始文莱马来族称为文莱族（Sang Abai）。

克达阳人起源于爪哇人。克达阳人与文莱马来族密切相关，因为他们宗教信仰相同，讲同一种语言的不同方言，有很多相似的风俗习惯，体貌特征也类似。然而，传统上，两个民族在居住地区和谋生手段上有明显的区别。克达阳人居住在沿海平原和低洼地区，以种植水稻为生。

比沙雅人和都桑人属于不同的民族，但两个民族在文化和语言上都有相似之处。然而，"比沙雅"这个词指的是居住在靠近林梦的边区民族，而"都桑"指的是在马莱奕河和都东河流域逐岸而居的民族。

姆鲁特人是淡布隆区的居民。传统上，他们主要从事采集丛林作物，与华人、比沙雅人或马来人进行交易。"Murut（姆鲁特）"一词起源于文莱第二十五世苏丹哈希姆，苏丹赋予这个族群menurut（听话/顺服）一词。姆鲁特人自称Lun Bawang，意思是"原住民"或"地球人"。

马莱奕人和都东人与他们自己居住的地区密切相关，这两个民族也有自己的语言，且在族群内交流时使用本族语言。除了语言学之外，对这些族群的研究还很少。

（二）土著民族

文莱宪法承认其他族群是文莱的土著居民，如沿海达雅克（即伊班人）、陆地达雅克、本南人（Penan）和克拉比人（Kelabit），但他们不被视为文莱的马来族。2002年，本南人只有108人。同样，克拉比人的数量也很少。

沿海达雅克也称伊班人，是居住在加里曼丹岛西北部的一个族群。根据居民身份，文莱的伊班人可分为三类：第一类，在文莱出生并长期居住的伊班人，他们通过登记被确认为文莱公民，持黄色身份证；第二类，在文莱居住了一段时间，尚未取得公民身份的伊班人，但都是"永久居民"，持紫色身份证；第三类，称为"移民"或临时居民的伊班人，他们持绿色身份证，其待遇与其他到文莱就业的外国人一样。

（三）华人

文莱华人的居住状况与伊班人相似。华人在文莱有很长的历史，自9世纪开始，就有华人移居文莱。据史诗 Syair Awang Semaun 记载，中国的穆斯林黄森屏与文莱第一世苏丹穆罕默德·沙（Muhamd Shah，1368—1402）的女儿拉特娜·德维（Ratna Dewi）公主结婚。同时，黄森屏的妹妹与苏丹的弟弟阿赫默德结婚，阿赫默德后来成为文莱的第二世苏丹。15、16世纪，文莱鼎盛时期对外通商贸易活跃，吸引了更多华人来到文莱。在19世纪下半叶到20世纪初，尤其是在文莱开始发展油气产业后，有更多的华人为谋生来到文莱。20世纪40年代，文莱政府开始限制移民，从中国移居文莱的华人开始减少。目前华人约占文莱人口的10%，是文莱人数最多的少数民族。文莱华人主要来自广东、福建、海南等中国南方地区。华人擅长经商贸易，对文莱经济发挥着重要作用。

第二节　宗教

一、主要宗教

（一）伊斯兰教

文莱宪法规定，伊斯兰教为国教，属逊尼派。其他宗教还有佛教、基督教、印度教、道教和原始宗教等。伊斯兰教与其他宗教和谐和平共存。主体民族马来人都信奉伊斯兰教，王室成员都是虔诚穆斯林。文莱人、克达阳人和都东人中大多数是穆斯林，大部分马莱奕人也皈依了伊斯兰教。都桑人和比沙雅人当中有许多人皈依了伊斯兰教，其余的继续保持传统信仰，也有一些人皈依了基督教和佛教。大多数姆鲁特人信仰基督教，少数人皈依了伊斯兰教。

文莱的穆斯林时代始于1371年，一世苏丹阿旺·阿拉克·贝塔塔尔与邻国满剌加国苏丹的女儿结婚，正式接纳伊斯兰教为官方宗教。今天，伊斯兰教是构成文莱国家意识形态（即马来伊斯兰君主制）的三大支柱之一。

（二）其他宗教

文莱的大多数华人都信奉佛教，有的信奉道教。文莱还有来自英国和印度的移民，英国移民主要信奉基督教，印度移民主要信奉印度教。文莱的达雅克人信奉原始宗教。

二、宗教政策

文莱的宗教政策是维护伊斯兰教在文莱占绝对主导地位，大力推行伊斯兰化，把伊斯兰教的教义作为政府制定政策的依据和整个社会的行为准则，将伊斯兰精神融入到整个国家的政治、经济和社会生活中。

文莱苏丹十分注意加强对宗教传播的管理，防范极端宗教思想对本国伊斯兰教的影响。文莱的伊斯兰教是温和的逊尼派，政治和宗教异端的挑战历来被文莱政府视为对国家的威胁。苏丹主张强力镇压政治和宗教的异见分子以及各种宗教异端或极端主义，通过伊斯兰刑法对违反宗教政策的行为进行处罚。历史上，文莱曾镇压了反对君主专制的巴哈依组织，查禁了对文莱产生巨大影响的马来西亚极端组织——澳尔根组织，并于1991年以威胁国家安全为由取缔了一个激进组织。因此，伊斯兰极端主义、恐怖主义在文莱较为少见。

三、宗教事务管理机构

在文莱，与政府的宗教工作有关的机构有3个：伊斯兰宗教委员会、国家穆夫提办公室（伊斯兰教法典的神职人员）和宗教事务部。

（一）伊斯兰宗教委员会

伊斯兰宗教委员会的前身是成立于1948年的伊斯兰教法顾问委员会。1956年2月1日，政府通过《关于宗教委员会和卡迪法院的法律》后，宗教委员会接替伊斯兰教法顾问委员会。该法律于1984年修订，且更名为《伊斯兰宗教委员会和卡迪法院法案》。该委员会设有一个秘书处，称为伊斯兰宗教委员会办事处。该部门以前称为伊斯兰宗教委员会科，于2005年3月1日升级为处级级别。其主要职能为：1. 向文莱苏丹提供与伊斯兰教事务有关的建议。2.制定伊斯兰宗教政策，管理国家伊斯兰教的发展目标，并将目标转化为实践，由管辖的所有机构进行实施。

（二）国家穆夫提办公室

文莱独立（1984年）之前，宗教事务处管辖国家穆夫提办公室。文莱独立初期，国家穆夫提办公室成为独立机构，自1986年10月21日起，成为宗教事务部的下辖机构之一。1994年11月7日，国家穆夫提办公室从宗教事务部并入首相府，成为首相府的组成机构之一。现在，该办公室的所有人员和出台的政策都直接对文莱苏丹负责。国家穆夫提办公室负责发布基于伊斯兰教法的法律意见和指导，也是了解伊斯兰教有关事项的文献中心。国家穆夫提办公室传播信息的方式包括出版物、网站、光盘、广播电视。

（三）宗教事务部

宗教事务部的前身是宗教事务处，于1986年10月21日升为部级。宗教事务部执行、实施、实践伊斯兰宗教委员会及相关伊斯兰教国家法律颁布的政策和指示，涵盖的工作包括：宗教教育，基于伊斯兰教道德的公共指导，出版手写版的《古兰经》，确保食品饮料符合伊斯兰教法的规定。该部未涵盖的关于伊斯兰宗教的其余政府工作职责由国家穆夫提办公室管理。该部通过与伊斯兰宗教委员会、国家穆夫提办公室、卫生部、工业与初级资源部（现改为初级资源与旅游部）的密切合作，在国内外成功实施和推广文莱高级清真品牌。该部拥有相关设备，根据伊斯兰教法对食品加工实施严格的质量管理，达到清真的要求。

第三节　传统风俗

❖ 一、风俗习惯

（一）名字和尊称

按照传统，文莱马来族的名字由两部分组成，前半部分是自己的名字，后半部分是父亲的名字，中间加上 bin（男性）或 binti（女性）。男性名字前面尊称阿旺（Awang），朝圣过的男子再加上哈芝（Haji，也译为哈吉），即阿旺·哈芝（Awang Haji）；女性名字前面尊称达扬（Dayang），朝圣过的女子再加上哈贾（Hajah），即达扬·哈贾（Dayang Hajah）。

称呼王室和贵族时使用尊称。苏丹和苏丹王后称为陛下（Kebawah Duli Tuan Patek），苏丹王妃、亲王、王子、公主称为殿下，其他王室贵族称为本基兰（也译为"佩义兰"Pengiran）。未婚的贵族男子被称为阿旺库（Awangku），未婚的贵族女子则称为达扬库（Dayangku），婚后贵族男女都将称为本基兰。一般非王室贵族则有封号，男性封号有丕显（Pehin）、拿督（Dato）（也译为"达图"），女性封号有拿汀（Datin）（也译为"达丁"）等。

在称呼王室和贵族时，第一、第二和第三人称不可乱用。与苏丹交流时，当面称为 Your Majesty，不可称为 His/Her Majesty。与丕显

(Pehin) 交流时，所有人提到自己时都使用 kaola（我）这个词。此外苏丹讲话时，"讲话"这个词被改为 titah（御词）。

（二）手势语

根据文莱习俗，赋予了传统头衔并经册封的官员之间使用手势语。当使用这种手势语时，官员抬起两手，双手并拢，与额齐平，朝向苏丹或最高等级的观众。如果苏丹面对的是高级官员，那么他会把手放在与鼻子齐平的位置；如果官员级别低，苏丹则会把手放在与胸齐平的位置。

部分年长的文莱人不与异性握手。平时在社交场合，男性拟与女性握手时，要先看对方是否有握手的意愿，如果女性主动伸手过来，则应热情回应。为避免出现女性不情愿的尴尬局面，一般男士不主动与女士握手。年轻人与长者或尊者握手时，要略微弯腰，两手相握后把手收回到胸前轻轻触碰一下，表示对对方的真诚。不要用手摸马来人的头部和后背，不仅十分不礼貌，还会被认为将带来灾难。特别是见到小孩时，切记不要摸其头部。

在接送物品时要用右手，左手被认为不洁。在指人和物时，不能用食指，应该四手指并拢握拳，大拇指贴在食指上。在招呼人或出租车时也不能用食指，要挥动整个手掌。

❧ 二、衣着服饰

（一）男性服饰

文莱原始族群（如姆鲁特人、马莱奕人、比沙雅人和都桑人等）以及其他土著居民（包括伊班人和本南人）信仰泛灵论，他们的服饰都非常简朴，彼此很相似。过去，他们的日常穿着就是缠腰布（cawat），以遮挡下体。现在腰布很少穿了，被裤子取代。庆典仪式等场合，他们也穿上衣。原始族群皈依伊斯兰教之后，通常穿长袍、长裤或一种格子图案的管状纱笼（kain tajung），但每个族群都有独特的风格。例如，克达阳人的长袍是圆领的，裤子很贴身，腰缠一块长方形的卡昆布（kakun）。这块布可作腰带，也可装运食物。

文莱族在正规活动时通常穿着传统马来服饰（baju cara Melayu），包括宽松长袍、宽松长裤和短纱笼（即罩在裤子外面的传统织布，上面有格子、方格或花卉图案）。而在庆典和节日以及星期五去清真寺祈祷时，会戴宋谷帽（songkok）。在家里，通常穿纱笼、圆领衬衫或背心（当地叫baju sampang）。

传统马来服饰包括不同类型，如带纽扣的高领衣服（baju cara Melayu teluk belanga）、前开口的圆领衣服（baju cara Melayu cekak musang）、类似比沙雅人的传统长袍，有五个小纽扣的开襟式长袍（baju cara Melayu butang lima）和衣领添加手绢式样布料的衣服（baju cara Melayu begulambir）。传统马来服装的样式体现穿着者的社会地位。例如，带纽扣的高领衣服和前开口的圆领衣服的穿着者通常是平民，而衣领添加手绢式样布料的衣服则为地位尊贵的皇室成员设计。如今，这种做法已经不再严格执行，因为知道传统服装规定和象征意义的人已经不多了。

文莱的官方服饰采用了传统马来服饰。在国庆节等正式场合，国民都穿着传统马来服饰。不仅马来穆斯林穿传统马来服饰，而且非马来穆斯林和包括当地华人在内的其他民族也越来越喜欢穿。穿着传统马来服装体现着国家公民身份。

（二）礼服正装

在文莱，宫廷聚会、官员任命、公共活动等正式场合都穿着礼服。礼服包括传统马来服饰、传统织布（sinjang）、腰带（arat）和达斯塔头饰（dastar）或黑色宋谷帽（songkok）。礼服表示穿戴者的地位，特定颜色和样式区分了穿着者不同的社会地位和政治阶层。传统织布、腰带和达斯塔头饰的颜色根据穿戴者的等级不同而各异。传统上，传统织布穿戴方式和尺寸长短显示了穿着者的社会地位和婚姻状况。普遍规则是"越短说明穿着者地位越高"。因此，穿着较短的传统织布（膝盖以上约六英寸）表示穿戴者可能来自核心贵族。对于文莱人来说，传统织布的布料通常是标准尺寸，但可以折叠使之变短，以示地位高贵。传统织布的中心样式在后背，如果中心样式偏右，表示穿着者已婚，而偏左，则表示穿着者未婚。

头饰是男性马来服饰中的一项重要饰物。男性通常在参加正式和公共活动中佩戴头饰。根据伊斯兰教的传统，遮盖头部是值得赞扬的。头饰有不同类型的折叠方式，折叠的方式代表着佩戴者的社会地位。例如，文莱族男人通常戴宋谷帽，而其他的马来族群，如姆鲁特人、都桑人和克达阳人则包头巾。头巾的折叠方式也显示出不同民族的背景。例如，克达阳人的头巾需折叠成遮盖头顶的形状，而姆鲁特人则把头巾折叠成遮盖头部四周的形状，露出头顶，头巾中间部分突出，呈三角形。现在，特殊场合才佩戴头巾。对文莱族来说，穿着礼服参加宫廷活动以及新郎在婚礼上，都戴传统织布头巾。现在正式和公共活动普遍戴宋谷帽。

受西方文化影响，西式正装在文莱也被普遍接受。现在，公私企业的员工，不论民族背景，不论上班还是日常活动，一般都穿西服。人们参加公共活动和正式活动也穿着西服，着西服时戴其他饰物以体现身份或等级。例如，男性教育工作者和高级行政官员都搭配领带，高级官员穿着三件套装，参加正式会议和活动。文莱苏丹在参加正式活动时经常穿西式正装，但在参加宗教活动和某些皇室活动时穿传统服装。传统服装和西方服装的结合并不罕见，有人在传统服装外面再套上西装；也有更改西方衬衫的衣领，改成传统马来长袍领。

(三) 女性服饰

文莱不同族群的女性愿意采用相似的服装风格，她们标准的穿着由纱笼或裙子和衬衫组成。但是，不同族群的衣服款式也有区别。例如，姆鲁特人女性的服装就由中袖宽松衬衫和齐膝长裙（环绕式长裙或筒裙）组成。此外，红、黄、绿、白等色彩的亮片和珠子也用来装饰衣服。

马莱奕、都桑和比沙雅的礼服与姆鲁特女性服装相似，但是袖子很短，裙子比姆鲁特的长，有时使用蜡染。礼服袖子上通常饰有装满小珠子的空心银纽，这些纽扣通常称为kubamban，因此这套礼服叫作baju kubamban。此外，都桑人和比沙雅人有时使用珠子和多种颜色的亮片，构成花卉图案来装饰上衣。马莱奕人的传统服装则用长袖。

文莱族通常穿着宽松衬衫、蜡染纱笼和卡巴雅（kebaya，前面对襟，用钩子或华丽的别针做扣子的长袖紧身上衣）。上衣和纱笼通常采用相同颜色或颜色互搭，面料有图案或素色。棉布是日常服装的首选，而丝绸和化纤织物则用来制作节日活动的服装。文莱族群的服装喜欢使用鲜艳色彩。在社交和庆典场合，通常穿着卡巴雅和库朗

（baju kurung，一种到膝盖的长袍，外罩到脚踝的宽松纱笼）。此外，库朗的相似款式也很受欢迎，包括费思银（baju fesyen kurung moden，现代时尚的库朗服装，与库朗风格相似，但剪裁方式不同）和卡达（baju kedah，上衣与传统库朗相似，但较短，侧面开缝）。这已成为女性的民族服饰，而参加国家和宫廷活动时则必须穿戴此类服饰。社会地位较高的人士举办庆典活动时，参加者腰间会围着卡比特（kain kapit）的传统布料，以示对主人家的尊敬。

对穆斯林来说，头饰或面纱是服装的重要组成部分，因为伊斯兰着装要求妇女除了脸和手之外要遮盖全身。在国家庆典等正式场合，非穆斯林妇女也常戴头巾。以前，外出或参加庆典活动，人们大都用塞拉亚（selayah）或蜡染纱笼遮盖头部。现在，这两种服饰都不常用了。取而代之的是用大块或中等尺寸的正方形材料折叠成三角形，当头巾用，当地称为图东（tudung），面料可用丝绸或合成材料，图案可以是纯色或印花。为了美观，纯色的头巾或披肩也绣上花卉图案，用珠子装饰。

西式服装也影响了女性服饰。现在女性也穿休闲装，例如为女性设计的T恤和裤子。一些在私营企业工作的妇女也穿西服。另外，许多女性制服按照伊斯兰着装要求设计，例如，女警和一些部队已经采用头巾、长裤和长裙作为制服。女性从事的有些工作并不要求穿制服，这时女性就会穿着库朗和卡巴雅等传统马来服饰。

三、婚丧传统

（一）婚礼

文莱的结婚仪式融合了宗教、社会和文化的特征。根据文莱文化，婚礼分为以下几个环节：订婚前仪式、订婚仪式、婚前仪式、结婚仪式和婚后仪式。婚宴，也称majlis bersanding（参加结婚的仪式），是婚礼的高潮。婚后仪式包括结识仪式（majlis malam berambil-ambilan）和新人回门仪式（majlis pengantin muleh）。

1. 订婚前议式

订婚前仪式包括问询仪式（majlis merisik）、求婚仪式（majlis ber-suruh）、确立订婚的仪式（majlis menghantar tanda）。传统上，当一名

男子决定迎娶一个女人时，他会直接或通过信任的人向父母表达他的兴趣，如果父母不反对，则会派几名年长的女子（类似媒婆）代表男方父母询问女方的婚姻状况，这在当地被称为merisik（询问）。

　　了解被求婚女孩的地位很重要。根据伊斯兰教教义，禁止向已婚或已订婚的女士求婚。当确定这名女子没有订婚或结婚之后，男子就会让代理人提出求婚仪式（besuruh）。过去，女方的代理人通常会要求考虑几天才做出决定。做出决定之后，女方代理人将前往该男子的住所宣布接受求婚。如果求婚被拒绝，女方不会有任何表示，而大家心里都清楚求婚被拒绝了。传统上，女方父母可以在未经女儿同意的情况下接受或拒绝求婚，而在过去，子女不会拒绝父母的决定。但现在这种做法很少了，不过求婚仍然要征得女方父母和女方的同意。

2. 确立订婚的仪式

　　当接受求婚时，将举行确立订婚的仪式（majlis menghantar tanda bertunang）。此种情况下，未来新郎父母的代理人会前往未来新娘家里。代理人通常由父母的同胞和近亲充当，双方都会让年长的男性充当他们的发言人。

　　这种仪式当中，未来的新郎通常派他的代理人携带戒指和金钱来确立订婚关系。通常情况下，代理人携带两个装有戒指和金钱的托盘。第一个托盘放一枚戒指和名为"开口器"（pembuka mulut）的一百美元，交给女方父母的代理人，以开启仪式。按照礼节，接受托盘后，未来新娘的代理人会询问男方代理人此行的目的。未来新郎的代理人会说清此行的目的，一旦他们的愿望被未来新娘一方所理解和接受，就会拿出第二个托盘：第二个托盘放有第二枚戒指和文莱币［金额由新娘家定，名为"订婚钱"（tanda bertunang）］，接受第二个托盘就标志着双方确立订婚关系。通常情况下，只需将金钱和戒指送给未来新娘就可以。但是，在核心贵族家庭，除了戒指和金钱外，还会赠送服饰和珠宝。

　　在确立订婚仪式上，通常在接受订婚后，会讨论新娘的聘礼与回礼，一般由新娘的父母或家庭决定。说到回礼，这大大有利于女方，新郎赠送大量金钱和包括织物在内的礼物作为聘礼，而新娘只需赠送食物作为回礼。新娘的聘礼与回礼通常由新郎给新娘的聘礼（berian或 mahar）、厨房经费（belanja dapur）、一块当地传统纺织的布料

（kain Jong sarat）和戒指（cincin）组成。新娘的聘礼和回礼将在后面行聘礼的仪式（majlis menghantar berian）上交给未来新娘。

3. 行聘礼仪式

行聘礼仪式通常在周五或周日举行，新郎和新娘在各自家中单独举行仪式。在此期间，新郎和新娘在同一天邀请亲朋好友到家中做客。然后，新郎派一队代表前往新娘家，带去新娘的聘礼、传统织布和其他结婚礼物，每件礼物都放在托盘上（gangsa），在新娘家展示给客人看。可以选出一位或多位代表来见证和确认新娘的聘礼和结婚礼物。传统上，结婚礼物被缝好，用布盖着，这标志着新娘从未婚配。礼物不遮盖表明新娘是寡妇或离异，但这种做法现在很少见了。现在的做法是将礼物展示给客人看。聘礼（berian）和厨房经费（belanja dapur）会被布置装裱妥当，而其他礼物通常放在透明的盒子里，或用透明的保鲜膜装饰包装起来。

聘礼（Berian，伯利安）也被称为玛斯卡威音（mas kahwin），是行聘礼中最重要的东西，因为它使夫妻间的订婚合法化。根据文莱风俗，彩礼通常是现金，金额大概300~500文莱元不等。厨房经费（belanjadapur）是新郎的另一份礼物，也指金钱，金额在3000~5000文莱元，用于补贴新娘家的婚礼仪式。过去，彩礼和厨房经费的金额与社会阶层相关，社会等级越高的新娘通常索要的厨房经费金额就越高。而现在，彩礼和厨房经费的数额与新娘的学识水平而不是社会地位相关，不过两者也可能重合。

4. 结婚仪式

结婚仪式（akad nikah）通常在订婚之后举行，这是结婚登记最重要的一环。以前，要走必要的程序，如新娘和监护人签名同意婚姻，然后婚礼就在新郎家举行。而现在，在新娘家或清真寺举办婚礼变得越来越普遍了。婚礼通常由指定的阿訇（juru nikah）主持，参加者包括新娘的父亲或监护人（wali）、两名见证人和其他受邀的客人。

5. 抹粉仪式

婚礼庆典的下一环节是抹粉仪式（majlis berbedak），共有两个抹粉仪式：一个白天举行，当地叫法是majlis berbedak siang（白天抹粉仪式），通常在婚宴前一周举行；另一个晚上举行，当地叫法是majlis malam berbedak（夜晚抹粉仪式），婚宴前几天举行。这些仪式在夫妻双方家庭分别举行，并单独请客。

抹粉仪式通常很私密，白天抹粉仪式只邀请至亲，仪式过程中，新娘和新郎都穿着传统服装坐在客厅，面对客人。将特制粉末和芬芳香料混合成糊状，通常由年长的近亲涂抹在新郎和新娘的手上或额头。抹粉之后，在当地一位叫作"彭甘岗"（pengangun）的老太太协助下，新郎和新娘分别进行洗礼，这也标志着新娘和新郎的闭居期开始。闭居通常在婚礼后第七天结束。在此期间，新郎和新娘都不能走出各自的房间。

夜晚抹粉仪式比白天抹粉仪式隆重得多。夜晚抹粉仪式不仅邀请亲戚，也邀请朋友和邻居。有些家庭也邀请新郎或新娘一方的家属。在仪式过程中，新郎和新娘都穿着由传统织布制成的传统服装，通常优选鲜艳的颜色。仪式期间，新郎和新娘坐在台上，由一位当地称为"彭甘岗"的老妇陪同。皇室婚礼上，新娘和新郎由两名彭甘岗陪同。新郎新娘坐在台上的时候，父母会挑选一些客人，让他们把粉膏抹在新人的手掌或额头。粉膏有七种颜色，包括赤橙黄绿蓝白红。人们相信，抹粉可以让新娘和新郎容光焕发。

对于核心贵族来说，夜晚抹粉仪式前一天会举行另一次礼物交换活动。新郎赠送新娘四根蜡烛、粉末、香水、化妆品、装饰物、一块传统织布（kain Jong sarat）和一套由传统织布制成的衣服。作为回礼，新娘送新郎香水和粉末，以及一套马来服饰。但是，只有当新娘与新郎社会地位相同时，新娘才需回礼。新娘地位不及新郎时，不一定要回礼。

6. 染色仪式

染色仪式在当地称为 Majlis Berinai，在婚宴前夕举行。这和抹粉仪式很相似，但只邀请至亲和好友。活动过程中，新郎和新娘通常穿着传统纺织的服装。仪式结束后，将散沫花染剂涂抹所有指甲、手心、脚部、脚底，涂抹几个小时，直到染色为止。散沫花染剂染色表明双方是新婚夫妇。现在，很少单独举行染色仪式，大多数人把它与夜晚抹粉仪式合起来举行。

7. 婚宴仪式

婚宴是婚礼仪式的高潮，通常在结婚仪式（akad nikah）一周后举行。婚宴上，新郎和新娘终于聚在一起，面对双方家人、朋友和客人。新人并坐平台之前，新娘和新郎通常在自家分别举行喜宴，邀请至亲和远方亲戚、朋友和熟人。搭起帐篷，摆好桌椅板凳，隔开男女座位。喜宴正式开始，客人就座，朗诵祷词。然后，新人父母和兄弟姐妹到各个帐篷见客，与客人握手。新娘端坐平台之前不出门迎客，由父母和兄弟姐妹代劳，而新郎则带领父亲和兄弟姐妹与客人握手，特别是与男性客人握手，这样做是为了答谢客人参加喜宴。客人也送礼金或礼品。

新娘坐在平台上等待新郎，新郎到达新娘家后，由新娘家的一位老人带去见新娘。新郎触摸新娘左右肩膀和前额，表明他愿意接受新娘，同时祈求安拉的祝福。然后，新郎坐到新娘旁边。最后还有祷告，祈祷祝福婚礼和新人，自此婚宴结束。婚宴上新人并坐平台之时，婚姻被公众认可。如果没有婚宴，婚礼就不完整。

8. 结识仪式

喜宴当天晚上，还有一个仪式，当地称为 majlis malam berambil-ambilan（结识仪式），焦点集中到并坐平台上的新人。仪式由双方至亲的家人参加。

新人坐上平台后，与亲戚和客人共进晚餐。新娘和新郎的家人、兄弟姐妹、亲戚和客人坐在一起，新郎则和新娘的家人坐一起。这个仪式为那些没有机会参加白天仪式的家庭成员举行。新人的家庭成员此前互不相识，这个仪式让大家有机会结识彼此。

9. 新人回门仪式

婚宴之后三至七日举行回门仪式（majlis pengantin muleh）。回门仪式通常是晚上在新娘家举行，新郎早上回到父母家，晚上回到新娘家。早上新郎回门时，由新娘家年长的亲戚陪着。新郎回到新娘家时，由自己家人和亲戚陪同。新郎还带来东西，如食物和其他必要的厨房用具。这些食物应该维持这对新人闭居期间的生活。现在的闭居期代表新人婚姻生活的开端，闭居期也不那么严格了。回门仪式上，新人再次坐到平台上，穿着传统织布衣服。

对于有些家庭，新人并坐平台时，新郎的母亲和姐妹可能会送新娘礼物。礼物通常是珠宝，如项链、镯子、戒指，由送礼者帮新娘佩戴。对于核心贵族来说，礼物还包括一块传统织布（kain Jong sarat）和一套衣物。然后，新人就座和客人共进晚餐。最后，朗诵一段祝福词，宣告婚礼仪式结束。

（二）葬礼

文莱马来族的葬礼受到信仰体系和社会习俗的影响，其中主要的影响来自伊斯兰教义，例如给死者沐浴、将尸体以寿衣包裹、诵读特别的祷词、背诵《古兰经》经文。尸体包裹完寿衣之后，被放置在宽敞的房间，然后进行特别的祈祷，祷告由一位宗教祭司带领大家进行。祈祷结束后，死者家属亲吻死者额头，致以最后的敬意。接着，把尸体放进棺材，在棺材上盖好布。一切就绪之后，几位至亲的男性亲属抬着棺材，走出家门，前往墓地。走出家门之前，抬棺人和跟随者背诵《古兰经》经文，目的在于为死者祈福。

葬礼结束后，举行悼念死者的特别诵经仪式（bertahlil）。对文莱的马来族穆斯林来说，这个仪式通常持续三天，葬礼后第七天、第四十天和第一百天分别再举行一次仪式。此外，每年还要再举办一场仪式。仪式过程中，死者家人邀请亲友为死者祈祷，通常由阿訇带领大家祷告朗诵。穆斯林认为，这样的祷告可以减轻墓穴中死者的重负。祈祷结束后，死者家属为客人提供食物和饮料，感谢他们的出席和祈祷。

❖ 四、节庆假日

每年，文莱人都庆祝宗教节日，包括开斋节（Hari Raya Aidil Fitri）、哈芝节（也称宰牲节，Hari Raya Aidil Adha）、先知穆罕默德的诞辰日、古兰经降世日（Nuzul Al-Quran）和穆斯林新年。除了穆斯林的节日之外，信仰其他宗教的人也可以庆祝自己的文化节日，比如中国春节和圣诞节，这些节日被列为公共假日。另外，举国欢庆的节日还有国庆日（2月23日）、苏丹哈桑纳尔·博尔基亚的生日（7月15日）。

（一）开斋节

在庆祝开斋节之前，世界各地的穆斯林都实行斋月。斋月指的是伊斯兰历法的第九个月，持续约29天或30天，这取决于是否看到下个月的月亮。斋月期间，所有的穆斯林白天都不能吃喝。此外，穆斯林也不能做出不道德的事情，如愤怒等不好的行为。在神圣斋月，穆斯林通常会加紧行善，如阅读《古兰经》、慈善捐助、赈济穷人。晚上，穆斯林要祈祷（tarawih），通常大家聚集在清真寺祈祷，不过也可以在家里单独进行。这样的祈祷非常特殊，只能在斋月期间进行。

斋月结束后，穆斯林举行开斋节，恭贺"斋功"胜利完成。从看到新月的第一个晚上开始庆祝，这个月就称为沙瓦尔月（Shawal），通常世界各地的穆斯林只庆祝三天，但在文莱，庆祝活动可以持续整个月。在这个月，文莱穆斯林每家一般至少要安排一天的"开门迎宾"活动欢迎客人，供应各种软饮料、饼干、蛋糕和辣焖牛肉、烤肉串、马来粽等美食，老老少少通常穿新衣。

沙瓦尔月也叫宽容月，因为人们可以寻求老人、上级和同龄人的原谅，请求他们宽恕自己的冒犯行为。节日期间王宫向公众开放四天，进宫之前，游客需要登记。王宫备有丰盛的饭菜、糕点和水果，吃完后，男宾排队与国王陛下见面握手，女性则与王后握手面别。

（二）哈芝节

哈芝节（Hari Raya Aidil Adha）也称宰牲节，源于易卜拉欣圣人，他受安拉的启示奉献其子伊斯玛仪。在先知易卜拉欣宰杀儿子之前，安拉提供了一只公山羊替代先知伊斯玛仪。这个命令是为了测试信仰和意愿，即是否服从真主安拉。庆祝活动中，穆斯林在清真寺进行祷告。之后，宰杀牛羊。献祭的肉常常分成三份：主人家留一份，送亲友和邻居一份，剩下的一份送给穷人。哈芝节通常为期四天。

文莱的宰牲节是全国性的穆斯林活动。文莱苏丹和家人也献祭牲畜。过去，文莱苏丹在清真寺向穷人分发祭肉，但是近几年来，仪式都在皇宫举行。穷人及其他客人受邀来到皇宫，分享美食。苏丹和苏丹后把肉分给平民，剩下的祭肉由指定官员在全国各地分发。其他穆斯林通常在自家举行仪式，但他们也常常聚在一起，在村子、工作单位或清真寺举行仪式。

第四节　教育

❖ 一、教育发展概况

历史上，传统文莱马来社会的教育专注于学习伊斯兰教圣书《古兰经》，开设类似于伊斯兰祷告厅（surau 或 balai）的"sekolah pon-dok"（"小屋学校"），学校的宗教老师主要向男学生讲授经文，教他们阅读、理解、记忆、诵读《古兰经》。这种教育是传统和非正式的，主要是通过死记硬背的方法。事实上，直到20世纪初期，文莱都没有真正意义的现代学校。

1906年，英国常驻制度建立，不仅深深影响了文莱的政治、经济，而且刺激了文莱教育制度的发展。1914年，文莱开设第一所马来语男子小学，共有30名学生。1916年，第一所中文学校开班。此后，又陆续新开设了几所学校。1918年，小学达到4所，分别位于斯里巴加湾市、摩拉、都东、马莱奕。

之后，学校数量增长的速度较缓慢，主要原因是当时马来族家庭对学校教育持不热衷或不同意态度，除了很多普通家庭需要孩子帮忙维持生计的原因外，受保守宗教文化和社会习俗的影响，有些人认为正式的学校教育破坏了马来社会现状，而且在一定程度上扰乱了女儿们的生活，不愿意将女儿送到学校。因此，文莱的教育初期，上学的孩子之间存在性别差异，即男孩子比女孩子多。与此同时，父母不太鼓励儿子接受教育，结果导致了1928年只有12%的学龄男孩子入学。

相比之下，华人族群不反对送孩子就读教会学校或中文学校。华人社区还自行为子女建立自己的私立学校，接收男孩子和女孩子上学，这些学校获得政府小额补贴，接受定期的检查。

为了促进教育发展，政府采取了积极措施改善教育环境：在制度方面，推出限制性义务教育法规（即1929年颁布的《入学法案No.3》）；在基础设施方面，修建更多学校，包括公立与私立学校。社会逐渐改变了对学校教育的态度，越来越多的马来家庭将孩子送到学校。1931年，马来学校引入了宗教教学，学校教育的观念更多地被马来家庭所接受，他们不仅送儿子上学，也送女儿上学，还要求建立更多学校。1931年，学生人数（男女学生）增加到598人。1933年，国立学校注册的学生人数达到897人，其中只有14名女孩子。1938年，学生人数达到1 908名，女孩子人数上升到373人。第二次世界大战爆发时，学生人数达到1 746名，女孩人数上升到312人；学校增加到32所，其中马来语方言学校为24所，私立英语学校3所，私立中文学校5所。

　　第二次世界大战后，文莱国家建设进入新发展阶段，1954年出台第一个国家发展规划，教育也得到迅速发展。政府制定了新的国家教育政策，包括1954年的"教育政策"、1962年的"国家教育政策"、1972年的"教育政策"和1984年的"双语教育政策"。1959年，多达1.5万名学生入学，有52所马来语小学、3所英语学校、7所教会学校、5所中文小学和3所中文中学。1970年，入学人数翻了一番，达到约4万名注册学生和128所学校。2007年，"义务教育法令"正式出台，规定儿童现在必须进行至少9年的正式学习，这项政策规范了儿童的基础教育。

　　2008年，文莱政府提出了"2035宏愿"的国家发展战略，明确其教育发展战略目标是"按国际最高标准衡量，因培养受过良好教育和高技能人才而得到广泛认可的国家"。"2035宏愿"强调，要建立一个世界先进水平的教育体系，规定了教育战略的八个政策方针，要求提高学生在英语、数学、自然科学这三个核心科目的成绩，以及要求到2011年将高等教育的学生入学率从14%提高到30%和提高学生的马来语能力水平等。

　　为了满足21世纪对于教育的需求，文莱教育部推出了"21世纪国家教育制度"（被称为SPN21），这给文莱的教育发展带来了重大变化。SPN 21的核心包括三个领域：教育体系结构、课程与评估、技术教育。SPN 21对教育体系结构的设计是：在当前的体系中，所有学生在参加GCE O-Level（剑桥普通水平普通证书）考试之前都会参加为期五年的中等教育（三年初中和两年高中）。SPN 21的课程与评估指定小学教育（一至六年级）和中学教育（七至八年级）的共同课程必须包括八个学习领域，即语言、数学、自然科学、人文社会科学、艺术与文化、技术、伊斯兰宗教和马来伊斯兰君主制知识以及健康与体育。根据SPN 21，通过教育计划的学生有机会获得技术和职业资格，例如国家技能证书（NSC）。技术教育一直是政府关注的重点领域，引导文莱青年积极面对就业，了解市场需求，锤炼技能，从而使离校生和毕业生能够应对当前经济环境的挑战。此外，"21世纪国家教育制度"还包括了建设更多的学校和升级现有学校的设施，以及实施五年内完成增加约40%的中学（11所新中学和8所小学）。

　　2008年，联合国教科文组织公布全球教育公平排名，文莱在129

个监测国家中排名第三十六名。2009年，联合国教科文组织公布全民教育全球监测报告显示，文莱进入56个高全民教育发展指数国家的名单，高全民教育发展指数达0.972，总初级教育率0.974和成人识字率0.946（该指数从0~1表示为一个比例）[1]。

据文莱经济发展局数据，2016年，文莱共有学校252所，其中公立学校175所，私立学校77所，幼儿园、小学及普通中学232所，职业技术学校13所，大学（含大专院校）7所。在校学生总数为111 698人，教师人数为10 985人。文莱公民受教育程度较高，女性识字率为95.3%，男性识字率为97.8%[2]。

二、教育体系及其管理

（一）教育体系

1.教育类别与层次

教育的类别有普通教育、专业教育、职业资格教育、职业技能教育、宗教教育和特殊教育。教育层次主要针对正规教育而言，以基础、中等和高等区分。

2.管理体制

实行国家宏观指导，由教育部具体负责。

3.办学主体

政府和民间。

4.课程

正规教育中的基础和中等教育须开设语言、数学、自然科学、人文社会科学、艺术与文化、技术、伊斯兰宗教和马来伊斯兰君主制知识以及健康与体育等课程。

5.教学语言

英语、马来语。华文学校也使用汉语。

---

[1] 中国驻文莱大使馆网站：《全球教育公平排名出炉 汶莱排名第三十六》，2008年12月16日，http://bn.china-embassy.org/chn/wlxw/t526335.htm.

[2] 中国驻文莱大使馆网站：《文莱概况》（2018年3月更新），http://bn.china-embassy.org/chn/wlgk/t908060.htm.

6. 经费保障

政府实行免费教育，并资助留学费用，英文和华文私立学校资金自筹。

（二）教育部

教育部是文莱政府教育工作的核心部门。该部将其任务和职责细分为三个部分：核心教育、高等教育和企业服务。

（1）核心教育的职责由5个部门和3个专门机构负责，包括联合课程教育司、课程发展司、考试司、学校司、学校督察司、私立学校科、特殊教育局（SEU）、科学技术和环境伙伴关系（STEP）中心。

（2）高等教育的职责由3个部门、2个秘书处和两个专门机构负责，包括规划发展研究司、规划和物业管理司、技术教育司、文莱达鲁萨兰国家认证委员会秘书处、文莱达鲁萨兰国家职业技术委员会秘书处、奖学金科和战略管理局。

（3）企业服务的职责由两个部门和两个专门机构负责，包括行政服务司、信息通信技术司、人力资源开发处、国际事务和公共关系科。

三、各层次正规教育

文莱采用七三二二（7-3-2-2）的正规学校教育模式，包括七年的小学教育（有一年的学前教育）；三年的初中教育；两年高中或职业技术教育；两年的中学后教育（预科）。

（一）小学教育

小学教育阶段，学生要上一年的学前教育，然后才能进入小学低年级（小学一年级到小学三年级），之后进入小学高年级（小学四年级到小学六年级）。小学教育的目的是让儿童接受基本的阅读、写作、算术，也是个人成长和个性发展的第一阶段。

所有学生（包括就读阿拉伯语学校的学生）在上初中前，必须参加"小学证书考试"（当地称为Penilaian Sekolah Rendah，PSR）。具有体育特长的学生可以在获得PSR证书后进入体育学校学习。

（二）中学教育

中等教育分为两个阶段：初中和高中。在中学教育开始时，学生将被引入主流学习计划或二级学习计划（二级学习计划仅在1997—2006年间使用过）。课程差异旨在满足学生不同的水平和能力。

初中教育3年。毕业时学生要参加"初中证书考试"或称"初中考评"。（当地称为 Penilaian Menengah Bawah, PMB），为学生的高中教育、职业技术教育和培训做准备。

通过考评的学生可升入高中或进入职业技术学校学习，还可以选择就业。1997年推出初中评估考试二级。2006年以来，教育部停用初中评估考试二级（PMB 二级）。

（三）高中教育

高中教育2年。在这个学习阶段，加入主流课程的学生可以根据他们的"初中评估考试"成绩进入文科班或理科班。二级学习计划的学生进入中等职业课程（当地称为 Menengah Vokasional，PMV）。2005年2月以后，"中等职业课程"取代了文莱-剑桥的"N"级课程。

高中教育仍是普通教育，但在科学、艺术和技术领域已有专业化的要求。在第二年结束时，学习成绩好的学生将参加文莱-剑桥普通水平普通证书（GCE O-Level）考试。

2006年以来，中等职业课程的学生可以参加"国家职业证书"（NVC）的文秘考试，此外，也可以参加几个职业科目的"国家三级行业证书"（NTC3）考试。"中等职业课程"计划有两年，包括为期六个月的基础课程，一年的"国家职业证书"/"国家三级行业证书"课程，以及为期六个月的实习。除马来语（国语, Bahasa Melayu）、宗教教育（Tarbiah Islam）和基本职业道德指导（Bimbingan Asas Etika Kerja）课程外，其他科目均用英语授课。

完成"中等职业课程"的学生将获得文莱达鲁萨兰国职业技术教育委员会（BDTVEC）颁发的"国家职业证书"或"国家三级行业证书"。

（四）中学后教育

已通过规定数量的普通水平（O-Level）资格考试的学生，进入为期两年的大学预科课程，为文莱-剑桥高级水平（GCE A-Level）考试做准备。

大学预科教育为学生在国内外的大学学习做准备。

❀ 四、文莱主要大学简介

（一）文莱大学

文莱大学（University of Brunei Darussalam，UBD）成立于 1985 年 10 月 28 日，设置大量本科和研究生课程，在校学生约 4 000 人。UBD 有七个院系：（1）苏丹哈桑纳尔博尔基亚教育学院；（2）苏丹阿里·赛福鼎伊斯兰研究学院；（3）商业、经济和公共政策研究学院；（4）社会科学学院；（5）自然科学学院；（6）文莱研究学院；（7）医学院。

UBD 与五所国外大学建立了双联课程：（1）格拉斯哥大学电子与电气工程的双联学位课程，该课程自 1998 年 2 月 5 日起生效；（2）谢菲尔德大学会计和财务管理的双联课程，该课程自 1998 年 6 月 26 日起生效；（3）思克莱德大学（曾译为：斯特拉思克莱德）计算机科学的双联课程，该课程自 1993 年 3 月 30 日起生效；（4）澳大利亚昆士兰大学生物医学科学的双联课程，该课程自 2000 年 8 月 21 日起生效；（5）加拿大温莎大学生物技术双联课程，该课程自 2002 年 1 月 1 日起生效。

（二）苏丹沙里夫·阿里伊斯兰大学

苏丹沙里夫·阿里伊斯兰大学（Sultan Sharif Ali Islamic University，UNISSA）的马来语缩写为 UNISSA，成立于 2007 年 1 月 1 日。它的历史可以追溯到成立于 1989 年宗教事务部下属机构的伊斯兰研究院（IPI）。IPI 的建立标志着文莱伊斯兰研究高等教育的开始，当时仅提供伊斯兰法典学位（Usuluddin）、伊斯兰教教法（Sharia）和阿拉伯语文凭等级的资格证书。如今，苏丹谢里夫阿里伊斯兰大学（UNISSA）开设大学专科、大学本科、研究生（硕士和博士）等级的课程。

UNISSA 有四个学院：（1）伊斯兰教教法与法律学院；（2）伊斯兰法典学院；（3）阿拉伯语和伊斯兰文明学院；（4）商业与管理科学学院。UNISSA 有三个研究中心：（1）促进知识与语言学习中心；（2）研究生学习与研究中心；（3）沙菲耶学派（Mazhab Shaf'e）研究中心。

（三）文莱技术大学

文莱科技大学（Institut Teknologi Brunei，ITB）成立于1986年1月16日。2008年10月18日升级为大学，但保留了现在的马来名字。1998年起，ITB迁入新校区。其职业课程分为两个学院：工程学院（ENG）和商业管理与信息技术学院（BM&IT）。工程学院设有三个系：（1）土木工程系（CE）；（2）电气与通信工程系（ECE）；（3）机械工程系（ME）。商业管理与信息技术学院设有三个系：（1）工商管理系（BM）；（2）计算机与信息系统系（CIS）；（3）传播、语言和个人发展系（CLPD）。

（四）东南亚教育部长组织职业技术教育和培训中心

东南亚教育部长组织职业技术教育和培训中心（The South East Asian Ministers of Education Organisation Regional Centre for Vocational and Technical Education and Training，SEAMEO VOCTECH）成立于1990年8月28日，总部设在文莱的东南亚教育部长组织职业技术教育和培训中心（职教合作联盟），它是一个职业技术教育机构，旨在通过人力资源开发，提高职业技术教育与培训的质量。该中心提供四类课程：（1）常规课程：为期两周至一个月，培训对象是"职教合作联盟"成员国职业技术机构的高级官员、行政人员、管理人员和培训师；（2）特殊课程：跟请求方一起组织的联合项目，请求方包括国家或国际机构，政府或私人机构，还包括与"职教合作联盟"签署谅解备忘录的合作伙伴；（3）定制课程：为政府机构或私人组织的客户量身定制的付费课程；（4）国内课程："职教合作联盟"还针对成员国的特定需求开展国内课程。

第五节　传媒与出版

文莱法律规定新闻自由，政府强调新闻自由应以坚持"马来伊斯兰君主制"原则为前提。文莱政府要求新闻媒体和从业人员要自觉维护苏丹、文莱人民、伊斯兰教和国家主权。文莱政府加强对新闻舆论的管控，由于管理严格，文莱目前未出现所谓的传媒大亨、媒体明星等公众人物。

❀ 一、媒体相关管理机构

与政府的媒体管理工作相关的机构包括：内政部（Ministry of Home Affairs）、通信部（Ministry of Communications）、国内安全局（Department of Internal Security）、伊斯兰宣教中心（Islamic Propagation Centre）、新闻局（Department of Information）、文莱广播电视局（Department of Radio Television Brunei）和政府印刷局（Department of Government Printing）。

（一）内政部

内政部负责执行以下法律：（1）《不良出版物法》第25章；（2）《电影和公共娱乐审查法》第69章；（3）《报纸法》第105章；（4）《公共娱乐法》第181章；（5）《2001年地方报纸法令（修正案）》。

（二）通信部

通信部负责执行《广播法》（第180章）中有关广播和互联网内容的条款，监管广播局的运转。

（三）国内安全局

国内安全局协助内政部和伊斯兰宣教中心履行审查出版物和电影的职能。

（四）伊斯兰宣教中心

伊斯兰宣教中心协助内政部和国内安全局履行审查出版物和电影的职能。伊斯兰宣教中心还执行《不良出版物法》（第25章）的一些规定。除了跟内政部和国内安全局合作之外，伊斯兰宣教中心还与文莱皇家警察部队、皇家海关部门和邮政部门密切合作，以杜绝《不良出版物法》。

（五）新闻局

新闻局是首相府的下属机构之一，其职能是通过电子、印刷和人际交流方式传播政府信息。它的大部分出版物（一些也以英文出版）

免费提供给公众。政府的新闻和信息通过印刷和电子媒体以英文和马来文传播。

（六）文莱广播电视局

文莱广播电视局是首相府的下属机构之一。它是文莱政府的广播机构，通过广播和电视履行职责。文莱广播电视局有5个广播频道：彩虹频道（Pelangi）播放最新流行歌曲，吸引年轻听众；国家频道（Nasional）提供有关政府的信息；和谐频道（Harmoni）家庭和体育电台，播放当代歌曲和百听不厌的金曲；优选频道（Pilihan）包含英语和中文节目；伊斯兰教频道（Nurislam）包含伊斯兰宗教节目。

（七）政府印刷局

政府印刷局负责制作出版官方出版物和印刷材料，是首相府的下属机构。

二、传媒与出版种类

（一）报刊

文莱的主要英文报纸有《婆罗洲公报》（Borneo Bulletin），是文莱唯一一份独立的商业性报纸。马来文报纸有Media Permata、《文莱灯塔报》（Pelita）。马来西亚沙捞越州的三份中文报设有文莱新闻版并在文莱发行，即《联合日报》《诗华日报》《星洲日报》。

（二）广播电视

文莱广播电视局（Department of Radio Television Brunei）下辖广播电台和电视台。广播电台于1957年成立，电视台于1975年成立。

（三）图书出版

绝大部分的书籍都是由国家的语文出版局出版，且多是马来文及英文书籍。

第七章 外交

第一节　对外政策

❖ 一、外交政策的形成

1888 年《英国－文莱条约》的签署，标志着文莱接受英国的全面保护。1905—1906 年的《补充协议》约定，英国派驻扎官管理文莱的内政和外交，保留苏丹君主制度不变。从 1888 年到 1984 年近百年间，文莱是英国的殖民地，没有独立外交。

苏丹奥马尔·阿里·赛福鼎三世和他的儿子、现任苏丹哈吉·哈桑纳尔·博尔基亚·穆伊扎丁·瓦达乌拉，通过谈判促成文莱的独立。在文莱独立前后，两位统治者都致力于促进文莱的政治稳定，建立了同英国和其他国家的良好关系。赛福鼎三世被称为"文莱现代之父"，其统治期间保持与英国的良好关系，实现了文莱君主制的现代化。1967 年 10 月，苏丹哈吉·哈桑纳尔·博尔基亚继位（1967 年至今），继承父亲衣钵，继续现代化进程，推动国家独立之后发展独立外交和国际关系。1979 年 1 月 7 日，文莱与英国《友好合作条约》拉开了文莱独立的序幕，规定文莱于 1979 年年初成立外交部，同时英国承诺支持文莱发展独立自主的外交。因此，1984 年之后，文莱的外交和外交关系才开始成型和发展。

苏丹哈吉·哈桑纳尔·博尔基亚执政期间，文莱的外交政策逐步发展完善。文莱同东南亚其他国家一样，制定了符合自身需求的战略，保持国家中立，以尽量减少潜在的威胁。自1984年1月独立以来，文莱一直奉行独立自主的中立和不结盟的外交政策。最初，文莱的外交重心在亚洲地区，特别是东盟。文莱独立第七天就加入了东盟，文莱将东盟作为其外交政策的基石，十分重视发展与东盟关系，积极参与东盟事务，维护东盟作为整体在地区事务中的主导权，对推动东盟共同体建设做出了积极贡献。文莱积极参加并参与区域组织和国际事务，如联合国、伊斯兰会议组织、东盟东部增长区及亚太经合组织等。成为这些组织的成员之后，文莱的外交关系逐年稳步发展，截至2018年1月，文莱不仅是10个国际及区域组织的成员，还与170个国家建立了外交关系，共设立对外派驻机构（使馆、高专署和总领馆）44个[①]。与此同时，文莱的外交活动涉及的领域也越来越广泛，如地区与全球局势、国家文化与认同、经济发展潜力及其他非传统安全领域等。文莱开展人道主义活动，在菲律宾南部和黎巴嫩积极开展维和行动，打击恐怖主义。

❧ 二、外交政策基本内容

文莱的外交政策目标是维护国家利益，具体包括：（1）维护国家主权、独立和领土完整；（2）促进国家繁荣、提高经济社会福祉；（3）维护国家的政治、文化和宗教；（4）促进区域和全球的和平、安全、稳定和繁荣。

文莱的外交政策遵循以下原则：（1）相互尊重领土完整、主权、独立和国家各自的民族认同；（2）承认国家不分大小、一律平等；（3）互不干涉内政；（4）和平解决争端；（5）互利合作。

文莱外交政策的主要支柱：（1）东盟是文莱外交政策的基石；（2）与亚太经济合作组织（APEC）和成员之间的关系；（3）与其他国家的双边关系；（4）与联合国（UN）、英联邦、伊斯兰会议组织（OIC）和其他国际组织的关系。

文莱外交政策的实施途径：（1）通过双边和多边论坛，鼓励各领域合作，推动文莱的国家政策，特别是政治与安全、经济和基础设施

---

①   中国驻文莱大使馆网站：《文莱概况》（2018年3月更新），http://bn.china-embassy.org/chn/wlgk/t908060.htm.

发展、科学与技术、人力资源开发和培养、环境保护和保全、社会和文化；（2）通过各种努力，特别是通过促进和加强双边和多边合作，应对全球化和多极世界带来的机遇和挑战；（3）促进该地区的和平、安全、稳定和繁荣，特别是促进国家之间更深入的了解；（4）坚持和平共处的原则；（5）遵守《联合国宪章》、国际法、普遍公认的主权原则、民族自决、基本人权和社会正义；（6）同希望与文莱建立友好关系的国家建立关系。

　　文莱的外交政策是由其国家实力、文化和宗教价值观以及君主制政体所决定，文莱33年的外交实践证明，这一政策是成功的、有弹性的，使其在双边和多边关系上都呈现出持续和良好的发展。

　　文莱奉行不结盟及同各国友好的外交政策，主张国家无论大小、强弱，都应相互尊重。文莱视东盟为外交基石，1984年1月7日加入东盟，成为东盟第六个成员国，与东盟各国关系密切，主张通过东盟实现地区稳定、繁荣与团结。文莱重视联合国及其他国际组织和区域组织的作用和影响，于1984年2月加入联合国，积极维护地区和平、安全与稳定，参与维和行动、人道主义、海事问题、救灾赈灾等多项安全行动。文莱积极发展同伊斯兰国家间的关系，是伊斯兰会议组织成员方。1992年9月被接纳为不结盟运动正式成员，1993年12月加入关贸总协定，1994年4月成为世界贸易组织成员方，系亚太经合组织（APEC）和亚欧会议（ASEM）成员，2006年7月至2009年7月任中国-东盟关系协调国。文莱重视维护地区和平、安全与稳定，对区域性经济合作持积极态度，主张各国实行贸易、投资自由化和开展经济技术合作。认为近年来国际形势的变化对国际关系产生了深刻影响，联合国和地区组织应在维护和平、保持稳定和促进发展中发挥作用。支持联合国改革，希望通过改革加强联合国的地位和作用，提高联合国的效率和活力，认为安理会改革应多倾听中小发展中国家的声音，增加发展中国家的代表性。重视同中国、英国、美国、日本等大国关系，系英联邦成员国。积极发展同伊斯兰国家间的关系，是伊斯兰会议组织成员国。2013年担任东盟轮值主席国。

第二节　　对外关系

一、文莱与中国的关系

　　1991 年 9 月 30 日，文莱与中国建立外交关系。1993 年 10 月和 12 月，文莱、中国先后在对方首都设立使馆，并互派常驻大使。自建交以来，双方一直以和平的方式开展合作。近年来，两国关系稳健发展，各领域友好交流与合作不断扩大。2013 年，两国签署《中华人民共和国和文莱达鲁萨兰国联合声明》，将双边关系提升至战略合作关系。双方同意进一步提升两国经贸合作水平，促进双边贸易快速增长，在基础设施建设、农业、渔业、能源等领域开展密切合作。支持两国有关企业本着相互尊重、平等互利的原则共同勘探和开采海上油气资源。有关合作不影响两国各自关于海洋权益的立场。文莱在南海问题上一直坚持"双轨思路"，即有关争议由直接当事国通过友好协商谈判寻求和平解决，而南海的和平与稳定则由中国与东盟国家共同维护。2013 年，文莱与中国签订了《中华人民共和国政府与文莱达鲁萨兰国政府关于海上合作的谅解备忘录》《中国海油和文莱国油关于成立油田服务领域合资公司的协议》，就共同勘探和开采海上油气资源达成了协议。值得注意的是，文莱是唯一一个就南海开发与中国达成共识的东盟成员国。2013 年 9 月，在第十届中国–东盟博览会上，文莱工业与初级资源部部长叶海亚提出与中国共建文莱–广西经济走廊，得到中方积极回应。2014 年 9 月，在第十一届中国–东盟博览会上，文莱政府与广西壮族自治区政府签署了《文莱–广西经济走廊经贸合作谅解备忘录》，双方同意在农业、工业、物流、清真食品加工、医疗保健、生物医药、旅游等领域开展全面合作。2016 年 8 月，双方举行联合工作委员会第一次会议，签署了一批合作项目协议。经过 3 年多的建设，经济走廊已成为中–文两国地方合作最具影响力的载体和平台。2018 年 11 月 18 日至 20 日，习近平主席应文莱苏丹陛下邀请对文莱进行国事访问。访问期间，两国元首一致决定建立中文战略合作伙伴关系，见证了共建"一带一路"合作规划等双边合作文件的签署。习近平强调，中方视文莱为建设21世纪海上丝绸之路重要合作伙伴，愿将"一带一路"倡议同文莱经济多元化战略"2035宏愿"相对接，做好两国互利合作大文章。哈桑纳尔表示，习近平主席此访必将深化两国传统友好关系，加强两国各领域互利合作。文方愿加强"2035宏愿"战略国"一带一路"倡议对接合作，加强双方在贸易、投资、农业、旅游、教育、人文、司法协助等领域交流合作，促进两国人民福祉。

❧ 二、文莱与英国的关系

英国曾经是文莱的保护国，英国近百年（1888—1983）的殖民统治对文莱有着深远影响，也决定两国之间的特殊关系。1984年1月1日，文莱正式从英国手中收回外交与国防权力，实现完全独立。之后，文莱与英国继续保持这种特殊关系，在政治、军事、经济、文化等方面进行密切合作。1983年9月，英国与文莱签署了国防协议，廓尔喀营继续驻扎文莱，文莱支付廓尔喀营维持费用。这是一项无最终期限的协议，但如果各方愿意，协议可以在五年后修改。1997年2月，文莱与英国继续就廓尔喀营驻扎文莱达成协议。1995年1月两国签署司法协议，文莱上诉法庭是刑事案件终审庭，文莱的民事案件上诉到英国枢密院。在经济方面，英国一直是文莱的主要贸易伙伴之一。在文化教育方面，文莱一直保持与英国的交流与合作，文莱学生有到英国留学的传统，英国是很多文莱学生留学的首选之地。

❧ 三、文莱与美国的关系

1984年1月1日，文莱独立当日就与美国建立外交关系。文莱与美国关系多年来一直保持稳定，在教育、军事、安全、贸易和人权等领域均有交流与合作。1994年，两国签署军事与防务合作谅解备忘录。2002年，两国签署了《贸易与投资框架协议》（TIFA），规定了进行贸易与投资的内容。

❧ 四、文莱与日本的关系

1984年文莱与日本建立外交关系。日本是文莱的主要经济伙伴之一，特别是在石油天然气行业。自1972年以来，文莱与日本在能源领域合作密切。与文莱开展能源合作的第一家日本公司是三菱集团，自1972年开始以文莱—三菱集团合作的形式开展项目和投资，重点在文莱的液化天然气领域。日本是文莱石油和天然气出口的主要对象国，2015年出口日本的石油和天然气占油气总出口量的36.3%。为了进一步加强双方经贸合作关系，文莱和日本于2007年签署了《日本-文莱经济伙伴关系协定》，文莱希望通过与日本的合作帮助文莱实现产业、经济多元化及创造就业机会。

五、文莱与马来西亚的关系

马来西亚是唯一与文莱有陆地接壤的国家。两国人民在民族、宗教、文化传统等方面联系紧密，但第二次世界大战结束后，苏丹奥马尔·阿里·赛福鼎决定不加入马来西亚联邦，两国关系一度紧张甚至恶化。随着文莱独立和加入东盟，两国的关系才大为改善。1984年，两国建立正式外交关系。20世纪90年代以来，两国开展了政治、军事、经济、文化等各个方面的合作。

六、文莱与新加坡的关系

1984年，文莱与新加坡建立外交关系。在文莱独立前，两国的友好关系即以形成。新加坡前总统陈庆炎曾说，这种关系是"建立在两国人民牢固的个人友谊基础之上的，可以追溯到已故李光耀先生和现任文莱苏丹已故父亲的那个时代"。1966年，文莱建立了自己的货币，后来与新加坡元挂钩。这在当时缓解了文莱因不加入马来西亚联邦而与马来西亚关系恶化所带来的困境。在金融方面，自1967年以来，两国一直维持着货币等值流通。2017年是文莱与新加坡之间《货币互换协议》签署50周年，根据协议，两国发行的纸币和硬币按面值免费兑换。多年来，这种关系对两国来说都特别重要。目前，新加坡已经成为文莱主要进口来源国，2015年从新加坡进口的商品占进口商品总额的14.3%。除了经济领域，两国还不断加强在防务、教育、安全、卫生等领域的合作。新加坡为文莱培训军官，文莱为新加坡提供军事训练基地。

七、文莱与印度尼西亚的关系

1984年，文莱与印度尼西亚建立外交关系。1999年，文莱摩拉港与印度尼西亚泗水港正式通航。2000年，文莱与印度尼西亚在婆罗洲边界地区设立一个投资中心。文莱与印度尼西亚签署了《经济贸易合作备忘录》和《避免双重征税协定》。

第八章 经济

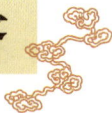

第一节 概述

一、国内生产总值

文莱是东南亚主要石油生产国，同时也是世界上最大的天然气出口国之一。1903年，文莱首次发现石油，20世纪40年代初期，文莱开始出口原油，1972年开始出口天然气，此后石油和天然气工业成为文莱经济的支柱产业，长期以来形成了单一性经济结构。石油和天然气工业约占文莱国内生产总值（GDP）的60%、出口的90%左右。2018年，文莱国内生产总值是183.00亿文元[①]。

油气产业的收入使文莱成为享有世界上最高生活水平的国家之一，文莱的人均国内生产总值（GDP）排亚洲第二位（仅次于新加坡）。2018年，文莱人均国内生产总值（GDP）是4.13万文元[②]。

对石油和天然气的严重依赖，使得文莱经济受制于因国际油价影响，表现了极大脆弱性。2012年至2016年，文莱国内生产总值

---

① Economic Planning and Development/Prime Minister's Office / Brunei Darussalam: National Account, http://www.depd.gov.bn/SitePages/National%20Accounts.aspx.

② Economic Planning and Development/Prime Minister's Office / Brunei Darussalam: National Account, http://www.depd.gov.bn/SitePages/National%20Accounts.aspx.

（GDP）连续五年逐年呈现小幅下降。2017年，文莱GDP总额比2016年增加了10亿文元。2018年，GDP总额比上年度增加15.53亿文元。虽然GDP有所回升，由于受国际油价波动的影响，文莱经济发展仍面临着下行压力。当前文莱经济最大的挑战是减少对油气产业的依赖，实现经济多元化。

表8-1　2012—2018年文莱国内生产总值及人均国内生产总值

年份	2012年	2013年	2014年	2015年	2016年	2017年	2018年
国内生产总值(亿文元)	238.023	226.388	216.636	177.78	157.47	167.47	183.00
人均国内生产总值(万文元)	5.59	5.57	5.31	4.31	3.77	3.89	4.13

（资料来源：文莱首相府经济规划与发展局。）

二、通货膨胀

2017年，文莱消费价格指数（CPI）同比下降0.2%[1]，从2014年开始连续四年负增长，如表8-2所示。

表8-2　2014—2017文莱消费价格指数

年份	2014年	2015年	2016年	2017年
CPI增幅(%)	−0.2	−0.4	−0.7	−0.2

（资料来源：文莱首相府经济规划与发展局。）

三、失业率

文莱劳动力数量充足，2015年约有20.3651万劳动人口，失业率为6.9%[2]，与2014年相当[3]。另外，文莱有大量的外来劳工，2015年文莱各类外籍劳工已达11.2378万人[4]，数量约为本国劳动力的一

---

[1]　Economic Planning and Development/Prime Minister's Office / Brunei Darussalam: Consumer Price Index,http://www.depd.gov.bn/SitePages/Consumer%20Price%20Index.aspx.

[2]　BRUNEI Darussalam statistical yearbook 2015, 第16页, http://www.depd.gov.bn/DEPD%20Documents%20Library/DOS/BDSYB/BDSYB_2015.pdf.

[3]　Economic Planning and Development/Prime Minister's Office / Brunei Darussalam:Total unemployment,http://www.depd.gov.bn/SitePages/Total%20unemployment.aspx.

[4]　东盟网：《文莱劳工雇佣新政策：对外籍劳工准入做出限制》，2015年3月19日，http://news.asean168.com/a/20150319/3845.html.

半。2013 年文莱待业人员接近 1.8 万[1]人，他们大部分只有小学或中学教育程度。文莱公民，尤其是马来人，倾向于在政府机构任职，不愿意经商或涉足服务业。政府为避免在非行政领域过度依赖外来劳动力，鼓励本国公民投身其他行业，加大力度与企业合作，共同实施本地员工培训计划。同时，为避免过多外籍劳工对本地就业市场造成冲击，内政部实施新劳工政策，对外来劳工就业进行限制，以保证本国公民就业机会。

❀ 四、国际商品贸易

文莱实行自由贸易政策，对外贸易是文莱财政和外汇收入的主要来源。如表 8-3 所示，2017 年，文莱进出口贸易总额约 119.66 亿文元，其中出口约 77.09 亿文元，进口约 42.57 亿文元，贸易顺差 34.52 亿文元。[2]近两年，文莱进出口贸易总体呈现下降趋势，尤其是出口贸易，主要因油气出口下降所致。

表 8-3　2015—2017 文莱进出口贸易情况

年份	2015 年	2016 年	2017 年
贸易总额/亿文元	132	104.79	119.66
出口额/亿文元	88	67.90	77.09
进口额/亿文元	44	36.89	42.57
贸易顺差/亿文元	44	31.01	34.52

（资料来源：文莱首相府经济规划与发展局。）

2016 年，文莱出口商品居于前三位的是矿物燃料、机械和运输设备、化工产品；进口商品居于前三位的是机械和运输设备、制成品、食品，如表 8-4 所示[3]。

---

① 中国驻文莱大使馆经济商务参赞处：《文莱政府首度透露待业人员，失业率恐高达 9%》，2013 年 11 月 4 日，http://bn.mofcom.gov.cn/article/jmxw/201311/20131100377153.shtml.

② Economic Planning and Development/Prime Minister's Office / Brunei Darussalam: International Merchandise, Trade, http://www.depd.gov.bn/SitePages/International%20Merchandise%20Trade.aspx.

③ BRUNEI Darussalam statistical yearbook 2016, 第 18 页, http://www.depd.gov.bn/SitePages/Statistical%20Publications.aspx.

表8-4 2016年文莱主要进出口商品类别

出口前三位商品	进口前三位商品
矿物燃料(59.736亿文元)	机械和运输设备(12.147亿文元)
机械和运输设备(3.301亿文元)	制成品(7.363亿文元)
化工产品(3.247亿文元)	食品(5.995亿文元)

(资料来源:文莱首相府经济规划与发展局。)

文莱出口总值从2010年88.4亿美元下降到2016年的48.7亿美元,降幅超过45%。出口总值减少是因为国际油价下跌,石油出口贸易额大幅下降。文莱的第一大出口市场是日本,文莱出口日本的商品份额稳定保持在35%左右。文莱的第二大出口市场是东盟地区,2005年占文莱出口总额的24%,2010年出口份额略微下降到12%,但在2016年大幅上升至25%。文莱的第三大出口市场是韩国,2005年和2016年,韩国占文莱的出口总额分别为13%和14%,如表8-5所示,文莱对中国的出口增长较慢,十年间每年基本保持在4%~7%。文莱对中国的出口主要为石油。

表8-5 文莱出口的主要目的地

年份	2005年		2010年		2016年	
目的地	百万美元	出口总额(%)	百万美元	出口总额(%)	百万美元	出口总额(%)
全球	6369.29	1.00	8837.18	1.00	4873.79	1.00
日本	2407.80	0.38	3838.45	0.43	1687.55	0.35
东盟	1529.01	0.24	1096.17	0.12	1216.84	0.25
韩国	825.06	0.13	1477.53	0.17	692.03	0.14
澳大利亚	591.43	0.09	917.98	0.10	232.97	0.05
美国	464.39	0.07	14.04	0.00	9.88	0.00
中国	234.16	0.04	584.59	0.07	225.93	0.05
印度	186.13	0.03	488.16	0.06	457.12	0.09

(资料来源:东盟秘书处。)

文莱进口总值从2005年的15亿美元增加到2016年的约26.7亿文莱元,十年间增长了77%。文莱的最大进口来源地是东盟,约占文莱2005年进口总额的49%。2016年,东盟占文莱的进口份额略微下降至约48%。在东盟各国,文莱的进口商品主要来自马来西亚和新加坡。

美国是文莱第二大进口来源地，占文莱进口份额的10%~12%。日本在2005—2010年之间一直是文莱第三大进口来源地，但近年来占文莱的进口份额出现下降，2016年比2015年下降了近60%。2005年中国商品约占文莱进口总量的6%，而2016年中国商品占文莱进口总量的13%左右，数量翻了一番，如表8-6所示。中国已经成为文莱第二大进口来源地。

表8-6　文莱主要进口来源地

年份	2005年		2010年		2016年	
进口来源地	百万美元	进口总额（%）	百万美元	进口总额（%）	百万美元	进口总额（%）
全球	1 503.11	1.00	2 436.98	1.00	2 670.23	1.00
东盟	738.48	0.49	1234.41	0.51	1290.43	0.48
美国	147.46	0.10	245.05	0.10	308.46	0.12
日本	135.92	0.09	249.79	0.10	114.81	0.04
中国	93.54	0.06	171.03	0.07	347.85	0.13
韩国	61.32	0.04	55.63	0.02	96.10	0.04
澳大利亚	33.89	0.02	48.60	0.02	43.27	0.02
中国台湾地区	25.59	0.02	46.64	0.02	17.90	0.01
印度	15.79	0.01	22.51	0.01	39.64	0.01

（资料来源：东盟秘书处。）

五、政府投资

文莱的大部分投资都是通过国有企业进行，在国内的投资也受到经济不景气的影响，国内投资在国内生产总值的份额在2011年占35%，而到2012年以后逐步下降，份额越来越少。2015年，文莱在国内投资额为2.382亿文元，只有2014年的近三分之一，如表8-7所示[1]。

[1] Economic Planning and Development/Prime Minister's Office / Brunei Darussalam:Balance of Payments, http://www.depd.gov.bn/SitePages/Balance%20of%20Payments.aspx.

表8-7　2014—2015文莱在国内投资情况

年份	2014年	2015年
在国外投资/亿文元	—	—
在国内投资/亿文元	7.195	2.382

（资料来源：文莱首相府经济规划与发展局。）

六、招商引资

文莱经济结构单一，为了实现"2035年宏愿"的长远目标，需要吸引大量外国直接投资，为经济发展注入更多动力。为了招商引资，文莱着力打造良好的投资环境，颁布了新的投资法令，为外资企业提供优惠的税收条件和快捷的投资申请服务；规范金融体制，完善交通运输，努力创造宽松、良好的投资环境。在世界银行发布的2013年全球经商环境报告中，文莱的经商便利指数排全球第七十九位，排东盟十国第四位。外资投入文莱的主要领域是油气领域、基础建设领域、加工行业和零售业。对文莱投资的主要国家有英国、挪威、德国、日本、新加坡、中国、美国。2015年，文莱工业吸引外资约2.382亿文元；其中，主要外资来源国是新加坡（29%）、英国（24.8%）、马来西亚（22.2%）[1]。近年来，中国在文莱投资越来越多，主要领域是基础建设领域、农业领域、水产养殖领域、油气领域、交通和通信服务领域等。

2003年，流入文莱的外国直接投资达到顶峰，约为33亿美元，如图8-1所示。外国直接投资的突然增加可能是由于建筑业和石油业吸收了投资。这一年恰逢文莱经济发展局（BEDB）的成立。2003年以后，文莱的外国直接投资流入量急剧下降；从2004年到现在，外国直接投资相对停滞。文莱政府一直积极寻求吸引外国直接投资进入商业服务、下游油气、清真食品、创意产业和旅游等领域。表8-8所示为2014—2015年文莱吸引外资情况。

[1]　BRUNEI Darussalam statistical yearbook 2015, 第94页, http://www.depd.gov.bn/DEPD%20Documents%20Library/DOS/BDSYB/BDSYB_2015.pdf.

外国直接投资（百万美元）
FDI Inflows (USD Millions)

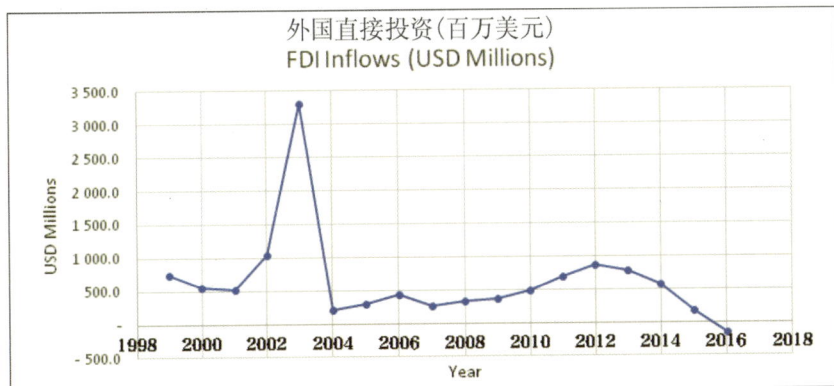

图 8-1　流入文莱的外国直接投资

（资料来源：东盟秘书处与联合国贸发会议。）

表 8-8　2014—2015 年文莱吸引外资情况

工业领域的外国直接投资	亿文元	
	2014 年	2015 年
总额	7.195	2.382
采矿业	5.386	2.442
制造业	0.773	−0.666
建筑业	0.285	0.123
批发零售业	0.747	−0.334
金融保险业	−0.264	0.051
其他	0.269	0.767

（资料来源：文莱首相府经济规划与发展局。）

七、财政收支

自 2004 年以来，文莱政府的收入几乎每年都超过其支出，保持财政盈余，如表 8-9 所示。2016/2017 财年，文莱源于油气产业的财政收入预算仅为 8.54 亿文元，在财政收入中的占比大幅下降到 48.4%。受油气收入减少的影响，2015 年开始政府收入逐步下滑，出现财政赤字[1]。

---

[1] 商务部国际贸易经济合作研究院、中国驻文莱大使馆经济商务参赞处、商务部对外投资和经济合作司：《对外投资合作国别（地区）指南·文莱（2017 版）》，第 16-17 页。

表8-9   2013/2014—2017/2018文莱政府财政收入情况   单位：亿文元

财年	2013/2014	2014/2015	2015/2016	2016/2017	2017/2018
收入	57.92	65.91	41.17	17.00	34.5
支出	54.31	59.80	57.00	56.00	53
差额	3.61	6.11	−15.83	−39	−18.5

（资料来源：中国商务部。）

文莱政府存在大量的经济补贴，一方面需要花费大量收入用于改善民生，为公民提供免费的保健、教育和住房补贴等社会服务；另一方面文莱是少数几个不征收个人所得税的国家之一。由于经济衰退，资源的重心由投资转向汇兑或政府支出，经济补贴持续增长，导致财政收支由盈余转为巨额赤字。

第二节   行业情况

文莱经济结构单一，第一产业（农林渔）、第二产业（工业）和第三产业（服务业）在经济中的比重失衡，如表8-10所示。2016年，包括油气开采、建筑、水电、食品和饮料制造、服装和纺织品制造等在内的工业，对国内生产总值贡献率达到60.2%，占据主导地位。

表8-10   2016年文莱各行业占国内生产总值的比重

行业	按现行价格计算的价值（单位：百万文莱元）	占GDP的百分比
农林渔	196.1	1.1
——蔬菜、水果等农产品	26.1	0.1
——家禽家畜	63.0	0.3
——林业	33.5	0.2
——渔业	73.6	0.4
工业	10 909.1	60.2
——油气开采	7 737.0	42.7
——液化天然气和甲醇制造业	2 382.7	13.2
——服装和纺织品制造业	35.9	0.2
——食品饮料制造业	29.4	0.2

（续表）

行业	按现行价格计算的价值 （单位：百万文莱元）	占GDP的百分比
——其他制造业	134.7	0.7
——水电	148.3	0.8
——建筑业	441.1	2.4
服务业	7 009.9	38.7
国内生产总值	18 115.2	100

（资料来源：文莱经济规划和发展局，2016年。）

一、工业

（一）油气产业

文莱的工业以石油和天然气为主，2016年占文莱GDP的55.9%。截至2011年年底，已探明的石油储量为14亿桶，占全球已知石油储量的0.1%，石油产量在东南亚居第三位；已探明的天然气储量为3 200亿立方米，占全球已知天然气储量的0.1%[①]，天然气产量在世界居第四位。文莱石油开采法案规定文莱政府在油气商业开发中占有50%的股份。荷兰壳牌集团是最早进入文莱的外国石油公司，与文莱政府和日本三菱公司合作，先后成立了文莱壳牌石油公司、文莱壳牌销售公司、文莱液化天然气公司、文莱天然气运输公司。道达尔公司于1986年进入文莱，1999年开始商业化开采，所产原油和天然气销售给文莱壳牌石油公司和文莱液化天然气公司。为确保能源产业可持续发展，文莱政府大力发展油气下游产业，促进能源产业衍生行业发展。文莱政府还致力于提高油气产业的本地成分，计划到2035年油气产业本地成分达到60%，实现油气行业岗位本地人占80%。

（二）建筑业

由于基础建设项目增多，近年来，文莱的建筑业发展迅速，成为仅次于油气的第二大工业，2016年占GDP的2.4%。

---

① 邵建平、杨祥章：《文莱概论》，世界图书出版公司，2014年版，第150页。

❧ 二、农林渔业

（一）农业

文莱自发现石油以来，曾经占主导地位的农业、渔业和林业变得无足轻重了，这三项产业仅占国内生产总值（GDP）很小一部分，占文莱劳动力总数仅0.5%左右。由于长期发展滞后，2016年农业只占国内生产总值（GDP）的1.1%。受全球粮食价格波动的影响，为了减少对国外粮食的依赖，文莱越来越重视粮食安全，改善农业生产。2009年，文莱启动"文莱达鲁萨兰国家稻谷生产计划"，其目的是从粮食供应的可获得性、可承担性和可持续性等方面提高文莱粮食安全水平。虽然当地种植的大米仍然远远低于国内需求，但大米产量显著增加。根据"文莱2035年宏愿"，政府的目标是到2020年将农业生产价值增至10亿文元，到2035年增至39亿文元。为了实现这一目标，文莱将采纳更好的技术，提高生产力和作物产量。目前，文莱已经在家禽和蛋类的生产方面实现了自给自足，蔬菜方面也接近自给自足。

（二）林业

文莱林业资源丰富，有11个森林保护区，面积为2 277平方千米，占国土面积的39%，86%的森林保护区为原始森林[①]，森林全部归国家所有。森林在文莱的主要作用是保护土壤野生动植物水源及生态环境。文莱现在5000多种植物，其中林木2000多种。文莱政府实行严格的森林保护政策，限制林木砍伐和原木出口。

（三）渔业

近年来，渔业取得了重大进展。渔业的国内生产总值已从2010年的5 000万文莱元增至2015年的7 400万文莱元。渔业是主要的潜力产业之一，文莱的目标是到2035年实现24亿文莱元（合17亿美元）产值，其中三个关键组成部分是：捕捞、水产养殖和海产品加工。现在，文莱仍需要进口约50%的鱼类，补充国内产量，满足国内需求。目前的政策是确保最大产量，同时确保鱼类的可持续性。

[①] Globserver:《文莱能源概况》，2015年2月18日，http://globserver.cn/en/node/11587.

水产养殖已成为文莱的潜在产业之一，是渔业中发展最快的产业。虾类养殖、近海网箱养殖、观赏鱼类生产和淡水养殖是水产养殖的目标产业。虾类养殖区域，特别是得利塞（Telisai）的200公顷虾类养殖区和巴谷河（Sungai Paku）的40公顷生态水产养殖园区已经确定。政府提供基础设施，包括通路、供电和供水，此外还提供辅助设施。政府还进行技术认证和开发，确保水产养殖经营者可以获得相关技术和合适虾苗。到2023年，文莱的水产养殖产值估计至少为2亿文元。

海产品加工业稳步发展，随着危害分析与关键控制点（HACCP）认证的实施，冷冻虾等加工海产品已经能够出口到日本、美国、韩国、新加坡、中国等国家。随着全球对渔业产品的需求增加，文莱的目标是增加出口量。文莱渔业局正在努力达到海产品出口主管部门的要求，向欧盟和世界其他地区出口海产品。到2023年，海产品加工业预计将为国内生产总值贡献约6 100万美元。

三、清真产业

清真食品产业在全球有着巨大市场潜力，2015年全球清真食品总价值达2.7万亿美元，预计到2024年将达到10.51万亿美元，清真食品产业是增长最快的市场之一。清真产业是文莱政府实现经济多元化计划当中的重点，文莱政府积极发展清真食品产业，用清真食品产业增加收入来源。全球从事清真产业的73个国家当中，文莱当前排名第十二位。目前，文莱清真产业由35家当地公司组成，其中大多数是私营企业，2016年清真食品产值达8 800万文元。随着文莱"2035年宏愿"的出台，文莱清真产业成为国家规划［第九个国家发展规划（2007—2012）］和"2035年宏愿"的重点。"文莱清真"目标是使文莱成为清真认证的中心（作为服务业）以及清真产品和服务的市场，特别是清真食品的市场。除了清真产品，文莱还致力于开发清真认证和提供服务。

四、旅游业

旅游业是文莱政府多元化经济的另一重点产业。文莱旅游资源丰富，既有天然旅游景点，也有历史人文景观。据文莱初级资源与旅游部的统计，截至2017年年底，游客人数增加了10%，相比而言，2016年游客人数增长率仅为0.3%。然而，游客数量增加的潜力远高于当前的游客数量。世界旅游业理事会（WTTC）的数据显示，2017年文莱旅游业的贡献率估计约为3.25亿文元（占国内生产总值的1.7%），但其总贡献值约为17.16亿文元，约占国内生产总值的9%。旅游业也被认为能为该国服务业创造就业机会的潜在引擎。2018年旅游业在文莱提供了多达5 500个直接就业岗位，而其直接和间接创造的就业岗位共约1.9万个。由于距离近，马来西亚是游客入境人数的主要来源国（23%），其次是中国（20%）、菲律宾（9%）、印度尼西亚（8.7%）和新加坡（5.8%）。2017年5月，作为伊斯兰合作组织（OIC）的国家，文莱在全球穆斯林游客最佳旅游目的地排名中排第十三位。

🏵 五、伊斯兰金融业

伊斯兰金融被视为经济多元化的另一个有发展潜力的产业。根据伊斯兰发展银行（IDB）属下子公司伊斯兰发展民营企业公司（ICD）与汤森路透联合发布的《2017年伊斯兰金融发展报告》，文莱在伊斯兰金融业绩方面排名前十位。文莱正努力成为伊斯兰金融服务的中心。在文莱，伊斯兰银行业务占国内银行业务总额的15%左右。文莱金融行业的蓝图是，该行业对国内生产总值的贡献从2016年的5.1%增加到2035年的8%。除了伊斯兰银行业务，伊斯兰金融产品（包括伊斯兰保险）也有增长，其市场份额估计约为40%。文莱市场目前提供的伊斯兰银行零售产品和服务包括文莱达鲁萨兰伊斯兰银行（BIBD）的家庭融资产品和使用"现金融资"（Tawarruq）理念的BIBD融资产品。在监管制度方面，文莱出台了一些法律法规，如"2006年伊斯兰金融监事会令""2008年伊斯兰银行业务令""2008年伊斯兰保险令"。

第三节　　经济改革

🏵 一、十个国家发展规划

文莱严重依赖石油和天然气，使得经济极易受到国际石油市场变化的影响。文莱政府意识到这种单一经济结构的脆弱性，自1953年以来，制定了十个国家发展规划，旨在改善基础设施、提高人民福祉、实现可持续发展。文莱独立之前，国家发展规划并没有得到连续实施。例如，第一个国家发展规划于1958年结束，而1962年才开始实施第二个国家发展规划，相隔4年；第二个国家发展规划于1966年结束，第三个国家发展规划于1975年实施，相隔长达9年。文莱独立以来，国家发展规划有序实施，如表8-11所示。

表8-11　文莱国家发展规划一览表

	目标	预算
第一个国家发展规划(1953—1958)	道路、桥梁、学校、医院、社会服务等重大建设工作，为广播、电话、电力安装技术设备	1亿文元
第二个国家发展规划(1962—1966)	经济多元化 通过提高生产力增加人均收入 保持高就业率 维持物价相对稳定 建立充足和全面的国家各级教育体系 建立健全国民健康体系 提供充足的公共服务设施 鼓励和促进私营企业的参与	5.43亿文元
第三个国家发展规划(1975—1979)	保持高就业率 加快农业和工业的发展,实现经济多元化	5亿文元
第四个国家发展规划(1980—1984)	保障与维持和平安全繁荣 节约能源 改变本地区各国的地缘政治形势 加大从邻国获得廉价移民工人的难度	22亿文元
第五个国家发展规划(1986—1990)	最大限度地提高文莱自然资源的经济利用率 为生产性部门分配更多的资金 加快人力资源开发 改善工业发展设施	37亿文元
第六个国家发展规划(1991—1995)	进一步加快人力资源开发 拓宽经济基础,创造良好的产业氛围 优化政府支出 实现油气产业可持续发展 鼓励私营企业发展壮大 保持清洁健康的环境	55亿文元

（续表）

	目标	预算
第七个国家发展规划(1996—2000)	通过经济多元化,实现经济发展 提供充足和周密规划的基础设施和公共设施 人力资源开发 社会发展项目 利用适当的技术,继续保护环境	72亿文元
第八个国家发展规划(2001—2005)	石油和天然气工业 经济多元化,发展可以提供新就业机会和出口的增值产业 人力资源开发 打造更有利于投资的环境 加强基础设施建设和提供充足、规划周密的公共设施 私营企业的积极参与	95亿文元
第九个国家发展规划(2007—2012)	开发如下项目: 工商业 旅游业 交通运输业 社会服务业 人力资源部门 教育部门 环境部门 公共事业部门 科技与创新 信息通信技术行业 安全部门	95亿文元
第十个国家发展规划(2012—2017)	注重以"知识创新、提高生产力、促进经济增长"为主题的发展工作,实现更快更高的经济增长。 要进一步加强和发展六大主要领域: 受过良好教育的高技能人才 高品质生活 良好的经商环境 基于知识与创新的生产力经济和渐进式经济 善治与政府现代化 高质量和可持续发展的基础设施	82亿文元

通过经济多元化实现经济发展的思想发轫于第七个国家发展规划（1996—2000），这表明政府早在20世纪90年代中期就意识到，单靠石油和天然气还不足以确保经济的可持续增长。

第八个国家发展规划（2001—2005）预算拨款为95亿文元，于2001年开始实施。此项规划主要强调经济多元化，通过增值产业创造就业机会。该规划还阐述了改善人力资源开发的措施，创造吸引国内外投资的环境。为了实现这些目标，进一步加快经济多样化，文莱政府于2001年决定，按照文莱经济发展法（第104章）成立文莱经济发展委员会（BEDB），作为主要的发展机构，确保国家规划目标内的政策顺利实施。建立BEDB也是为了研究国家经济发展措施，提出实施政策的策略。BEDB的另一项重大任务是想方设法吸引外资。

第九个国家发展规划（2007—2012）进一步扩大了发展措施和政策的行业范围，共计11个行业，涵盖工商业、旅游、教育、环境和通信技术等行业。这一时期的主要政策转变是2008年1月发起的"2035年宏愿"，其三大目标如下：一是培养受过良好教育的技术人才；二是拥有较高生活水平，跻身世界前十行列；三是实现有活力、可持续的经济发展。

第十个国家发展规划（2012—2017）进一步推动了"2035年宏愿"的目标，将"知识创新、提高生产力、促进经济增长"作为长期发展目标的一部分，实现经济高速增长。

二、"2035年宏愿"

由于文莱经济发展中存在国内市场狭小、基础设施薄弱以及技术和人才短缺等问题，不能实现规划中的经济发展，因此需要加快实施"2035年宏愿"所强调的战略。文莱苏丹下令于2014年组建了"2035年宏愿"最高委员会，其主要任务是为实现"2035年宏愿"的政策目标提供支持。根据"2035年宏愿"三大目标，确定了八项战略：一是教育战略：让年轻人在竞争日益激烈、知识型的世界中能够实现就业，取得成就。二是经济战略：促进国内外投资用于下游产业以及油气行业之外的经济集群，为文莱人民创造新的就业机会，扩大商机。三是安全战略：维护文莱作为一个主权国家的政治稳定，包括国防、外交以及应对疾病威胁和自然灾害的能力。四是制度发展战略：加强国有和私营企业的良好管理，提供高质量的公共服务，建立现代务实的法律和规章制度以及有效的政府工作流程，最大限度减少官僚主义、繁文缛节。五是本国商业、本地企业发展战略：增强当地中小企业的发展机会，通过培养强大竞争力，使文莱马来人在工商业领域取得领先地位。六是基础设施建设战略：确保政府继续投资，通过公私合作伙伴关系发展和维持世界一流的基础设施，尤其重视教育、卫生和工业。七是社会保障战略：确保随着国家繁荣，所有公民得到悉心照顾。八是环保战略：确保妥善保护我们的自然环境和文化栖息地，按照最高国际惯例，确保健康和安全。每个战略都有一个支持部门，负责确定战略，实现国家成果，设计和实施行动计划，并确保实施行动计划。为确保实现"2035年宏愿"的目标，文莱政府重点打造两个环境，发展三个行业。

打造经商环境。政府出台了一系列政策措施来提高效率，营造良好经商环境。文莱拥有该地区最具竞争力的税率，企业所得税税率为18.5%。此外，个人收入、销售额、资本收益和制造业都不征税。鼓励中小企业投资本国行业，同时鼓励外国投资者到文莱投资。创建了一个在线商业登记平台，使企业能够在一天内完成新业务申报。新开发的One Biz系统让企业能够在40天内获得施工许可证。文莱"经商便利指数"的全球标准（排名）从2016年的第七十二位上升到2017年的第五十六位，全球排名上升了16个名次。

打造政策环境。文莱政府成立"达鲁萨兰企业机构"（DARe），这是一个监督和培育中小企业发展的法定机构，旨在实现经济多元化。此外，采取相关措施，减少创业获得许可证和证书的手续环节，改革银行业，向小型企业提供信贷，例如，文莱佰都利银行（Baiduri）推出的商业银行业务。另外，2016年5月，文莱金融管理局（AMBD）宣布启动证券交易和资本市场，在2017—2018年左右开展业务，将有助文莱将其金融业融入东盟资本市场，除了惠及主要的私营企业和金融服务提供商以外，新的资本市场也将惠及占本国业务95%左右的中小企业。

发展清真产业。清真产业是文莱政府实现经济多元化计划当中的重点。政府下属的清真产业部门努力消除商业发展所面临的不必要监管负担，提供更好的物流条件，鼓励本国和外国投资者进入该行业，开拓文莱清真产品市场。把文莱清真打造成一个品牌，使文莱成为清真食品生产和认证领域的全球参与者。建立了一个投资清真产业的农业科技园。2009年，文莱政府成立了国企加宁国际公司（Ghanim），目的是在全球范围内开发、销售、推广文莱清真食品。

发展旅游产业。旅游业是文莱政府多元化计划的另一个重点产业。文莱拥有自然美丽景观和苍翠森林，其中大部分景观处于原始状态，因此文莱拥有天然旅游景点。为了吸引游客或发展旅游业，政府将这个行业必须作为一揽子计划来发展，在不同行业之间进行密切有效的协调，同时加大对交通运输、宾馆酒店等基础设施建设的投资，吸引外国游客。

发展伊斯兰金融业。文莱正努力打造伊斯兰金融服务的中心。文莱是将伊斯兰金融为其重要行业的全球九个国家之一，伊斯兰银行业务占国内银行业务总额的15%左右。文莱还发行伊斯兰债券和保险，正在发展成为伊斯兰保险和债券的主要服务提供商。

第四节　文莱与中国的经贸合作

早在中国唐宋时期，文莱与中国就有贸易往来。古文莱最强盛时期，文莱是域外国家与中国开展贸易合作的重要中转地。到了近代，两国遭受西方殖民侵略，贸易往来停滞。文莱于1984年1月正式独立后，恢复了与中国的贸易关系。但由于文莱市场有限，双边贸易额及经贸合作领域相对较小。自2000年以来，双方经贸合作取得长足进展，特别是随着中国"一带一路"倡议的实施，文莱与中国有更加广阔的合作前景。

一、文莱与中国的贸易简史

最早的记录显示，大约1500年前，中国梁朝与文莱建立了联系。文莱与中国的贸易关系可以追溯到6世纪的唐朝时期。文莱与中国宋朝和明朝保持密切往来。宋朝时期（960—1279），两国官方和民间的商贸和文化交流日益频繁，被正式载入中国史册。13—14世纪，当时中国福建的商人抵达并定居婆罗洲。15世纪文莱鼎盛时期，统治了婆罗洲北部海岸、苏禄岛、棉兰老岛部分地区乃至菲律宾的吕宋岛沿岸的整个沿海地区，成为一个富裕繁荣的贸易国家，与东南亚和中国的贸易网络有着重要的联系，直至18世纪。

古代文莱出口到中国的商品包括樟脑、鳖甲、蜂蜡、沉香木、拉卡木、金粉等。古代中国出口到文莱的商品包括金、银、云锦、简阳锦、五色丝绸、五色鹿茸、琉璃球、琉璃瓶、白锡、石墨、臂章、胭脂、漆碗碟、青瓷等。

17—19世纪，随着西方列强向亚洲侵略扩张，文莱与中国都沦为殖民地、半殖民地国家，其间两国贸易难以继续正常发展。1984年文莱成为独立国家后，恢复了与中国的贸易关系。

二、文莱与中国贸易现状

（一）文莱与中国贸易

近几年中国逐渐成为文莱重要的贸易伙伴。根据东盟秘书处数据，2016年，文莱与中国双边贸易总额573.78百万美元，文莱对中国出口225.93百万美元；文莱自中国进口347.85百万美元。文莱与中国贸易呈现逆差。

从贸易份额看，从2005年到2016年，文莱对中国的出口增长较慢。文莱对中国的出口商品主要为石油，近十年对华出口基本维持在总出口额的5%上下，中国是文莱的第五大出口市场。20世纪80年代之前，中国在文莱的市场份额可忽略不计，而现在中国在文莱占有13%的市场份额，中国是文莱第二大进口来源地。

从货物种类看，现在文莱出口到中国的商品主要是石油和化工产品，自中国进口的商品主要是电子设备和产品、建筑材料等。

2006年和2015年文莱对中国十大出口商品如表8-12所示。

表8-12 文莱对中国十大出口产品

序号	2006年	2015年
1	石油和从沥青矿物提取的原油	石油和从沥青矿物提取的原油
2	非熏制的鱼干(不包括鳕鱼)	甲醇
3	钻井工具(不包括凿岩工具)	邮轮、游船、渡轮
4	铜/铜合金废料	钻管
5	汽车、点燃式发动机> 3000 cc	冷冻小虾、对虾
6	铅矿、铅精矿	往复式正排量泵
7	金属片垫片(包括夹心式)	废料、废纸、纸板
8	纸、牛皮纸、有褶皱非波纹状麻袋	钻机或凿井机零部件
9	旧衣物或其他旧物品	记录仪器的纸卷、纸张和刻度盘
10	机织棉布> 200 g/m²(未漂白)	瓦楞纸或纸板的纸盒纸箱

2006年和2015年文莱对中国十大进口商品如表8-13所示。

表8-13 文莱对中国十大进口产品

序号	2006年	2015年
1	机织棉布> 200 g/m²(未漂白)	收音机、电视等收发设备
2	不锈钢条或型钢	设备或设备零部件(钢或铁)
3	钢条/型钢(锯齿状或麻花状)	塔台和格子桅杆(钢或铁)
4	绒针织、钩针织物(天然纱线、非棉花)	便携式数字数据设备
5	收音机、电视电话等收发设备	汽车用橡胶充气轮胎
6	钢条/型钢、合金钢	钢铁制品
7	模拟/混合计算机	窗式/壁式空调(成套)
8	陶瓷管、导线管(排水式和配件)	输电系统用电子设备
9	钢条/型钢、铝合金	桥梁和桥梁组件(钢或铁)
10	成匹的装饰品	钢条/型钢、合金钢、尼龙热熔漆包铜线(卷曲/拉伸/压制)

（二）文莱与中国贸易行业比较

文莱对中国的出口主要集中在两大行业类别，即矿物燃料和化工制品，这两类产品占文莱对中国出口总额的93％左右。中国是近几年来世界上最大的石油净进口国之一，文莱有能力为中国不断上涨的燃料需求提供石油和天然气。文莱在其他行业对华出口极少，对出口份额贡献不大。随着全球范围内中国对石油的需求不断增加，文莱可以开发的领域是农业、渔业和服务业。

文莱从中国进口的产品相对多样化。文莱的基础制造业依赖中国，如表8-14所示，2015年文莱从中国进口的主要商品是金属、机械电子产品以及各种消费品，占中国出口的59%。文莱的其他重要进口产品包括塑料和橡胶（7.7%）、杂类（8.4%）、石材和玻璃（4.8%）、纺织品和服装（4.9%）。杂类的主要产品可以进一步分为预制材料、家具和配件、旅游用品、服装辅料、鞋类、专业科学仪器、摄影器材和光学用品等。

表8-14 文莱与中国的贸易（按行业分类）（2015年）

产品类别	出口/千美元	出口产品份额(%)	进口/千美元	进口产品份额(%)
所有产品	96 465.77	100	336 711.49	100
动物	423.16	0.44	1 598.83	0.47
化学制品	34 950.21	36.23	8 804.11	2.61
食品	4.45	0	3 833.83	1.14
鞋类	0.06	0	2 965.54	0.88
燃料	54 370.96	56.36	218.52	0.06
皮制品	0.14	0	2 694.21	0.8
机械电子	731.25	0.76	103 212.36	30.65
金属	1 093.37	1.13	95 306.48	28.31
矿物	0		5 033.32	1.49
杂类	335.37	0.35	28 135	8.36
塑料橡胶	13.75	0.01	25 782.54	7.66
石材和玻璃	0.01	0	16 015.35	4.76
纺织品和服装	24.23	0.03	16 425.84	4.88
交通工具	3 783.89	3.92	6 952.55	2.06
蔬菜	0.01	0	11 085.3	3.29
木料	734.91	0.76	8 647.7	2.57

（资料来源：联合国商品贸易统计数据库。）

❀ 三、中国对文莱的投资

近年来，中国在文莱的投资越来越多，主要领域是能源领域、基础建设领域、金融领域、农业和水产养殖领域、通信服务领域等。

（一）能源领域

恒逸石油炼化项目。该项目是由浙江恒逸石化有限公司（70%）和文莱政府（30%）合资建设的石油炼化一体化项目。项目建设地点位于文莱大摩拉岛，总投资34.5亿美元。2011年6月，该项目获得文莱苏丹同意批复。2013年7月获得中国国家发改委和商务部境外投资项目核准。之后又陆续完成企业登记、可研编制、地质勘测、环境评价、总体设计、航道疏浚、吹沙回填、土地平整和基础设计等工作。2017年3月27日，恒逸实业（文莱）有限公司与文莱经济发展局、文莱首相府能源与工业部签署了文莱《项目实施协议》，实施协议的签署将推动文莱项目加快建成。

海油工程文莱壳牌石油公司项目。2015年年初，海洋石油工程公司（以下简称：海油工程）向文莱政府申请在文莱注册分支机构。5月，海油工程文莱分公司正式获得文莱当地营业执照。海油工程公司与文莱壳牌公司签订合同，为文莱海上冠军（Champion）油田运输、安装一系列结构物，包括8个上部模块、2座自升式平台，以及2个重达1.7万吨的压缩模块。根据该合同，海油工程还要负责总长达15.1千米的海底管路铺设工作，负责安排由中集来福士建造的起重铺管船"蓝疆号"前往文莱海域完成安装工作。

（二）基础建设领域

特里塞—鲁木高速公路项目。该项目由中交三航局负责建设。

乌鲁都东供水项目。这是中国在文莱投资的水电项目。由中国水电建设集团承建文莱都东水坝供水项目已经于2017年7月17日完成现场验收，正式交付业主使用。

大摩拉岛大桥设计施工总承包项目。这是中国港湾公司中标承建文莱大摩拉岛大桥设计施工总承包项目。该项目包括设计和建造2.7千米四车道跨海大桥、3千米岛上四车道公路和配套电气网络、通信网络、水供应管道网等，工期36个月，项目金额约合2亿美元。大桥建成后将连接文莱陆地和大摩拉岛，对文莱加大招商引资力度、将大摩拉岛建设成为世界级石化工业园区具有重要意义。项目从2015年开始实施，于2018年4月建成。

淡布隆跨海大桥CC4标段承包项目。2015年9月10日，中国建筑工程总公司与文莱发展部签署淡布隆跨海大桥CC4标段承包合同。该标段总长11.8千米，包括淡布隆区陆地高架桥、小型跨河桥、平交路口及附属设施等，工期42个月，建成后将连接海上主桥段及淡布隆区陆地。淡布隆跨海大桥全长30千米，分为6个标段进行国际招标。其中CC2和CC3标段已授予韩国大林公司。2016年1月16日，文莱淡布隆跨海大桥工程正式开工。

（三）金融领域

2016年4月19日，文莱金融管理局正式批准中国银行（香港）有限公司（"中银香港"）在文莱设立分支机构。至此，中国银行集团在东盟十国实现机构全覆盖。2017年12月20日，中国银行（香港）文莱分行正式开业。

（四）农业和水产养殖领域

2017年11月20日，中国袁隆平农业高科技股份有限公司同文莱初级资源与旅游部农业与农产品司在文莱首都斯里巴加湾就粮食领域合作签署备忘录。

国泰海洋生物公司网箱养殖项目。根据广东省海洋与渔业局与文莱渔业局签署的合作谅解备忘录，国泰（文莱）海洋生物有限公司［前身为金航（文莱）海洋生物有限公司］网箱养殖项目于2009年11月11日正式启动，主要是依托文莱海域优良的水质及气候条件，大力开展深水网箱养殖、海洋生物开发、水产技术培训、清真水产品加工及国际贸易等。

（五）通信服务领域

华为文莱电信业务项目。华为文莱公司成立于2003年，华为公司在文莱落地并与文莱电信公司开展了一系列合作项目，包括3G和4G商用网络、光纤入户等，并培养了大批文莱本地技术人员。2015年，华为文莱公司主要开展4G网络信号覆盖和光纤入户业务。

（六）其他领域

葫芦岛文莱钢管厂建设项目。葫芦岛文莱钢管厂项目是中国企业在文莱第一个实业投资项目，由七星国际投资集团独资兴建，设计年产10万吨焊接钢管，2016年初投产。

开发产业新城项目。2017年5月3日，华夏幸福公司下属全资子公司华夏幸福新加坡公司与文莱政府、文莱达鲁萨兰资产有限公司（DARUSSALAM ASSETS SDN BHD 公司）签署《谅解备忘录》，达成开发产业新城项目意向。

❀ 四、"文莱–广西经济走廊"成为"一带一路"产业合作新平台

"文莱–广西经济走廊"是文莱率先提出的合作项目，意在与中国"一带一路"倡议相呼应，通过密切对华合作推动文莱经济多元化发展。

（一）"文莱–广西经济走廊"的由来

2013年9月，在第十届中国—东盟博览会上，文莱工业和初级资源部部长叶海亚提出与中国共建文莱–广西经济走廊，得到中方的积极回应。

2014年9月，在第十一届中国–东盟博览会上，文莱工业与初级资源部与广西壮族自治区政府签署《文莱–广西经济走廊经贸合作谅解备忘录》，确定双方在农业、工业、物流、清真食品加工、医疗保健、制药、生物医药、旅游等领域开展全面合作。

（二）"文莱–广西经济走廊"的进展

2015年3月30日—4月1日，广西壮族自治区党委书记彭清华率团访问文莱，重点与文方商谈推动"文莱–广西经济走廊"建设。代表团拜访了文莱苏丹博尔基亚、文莱王储比拉、工业与初级资源部部长叶海亚，与工业与初级资源部共同主办"文莱–广西经济走廊座谈会"并签署会议纪要。彭清华书记提出"一港双园三种养"的先期合作建议，即推动北部湾国际港务集团参与文莱摩拉港运营，建设中国（南宁）–文莱农业产业园和中国（玉林）–文莱中医药健康产业园，

并在文莱进行渔业养殖和水稻种植。经磋商，双方就农业、渔业、食品加工业、旅游业、交通物流业等领域12个项目达成合作意向，同意加强双方联合委员会机制，并于2015年中召开第一次工作会议，推动先期启动项目尽快落地。2015年5月12—14日，广西派出由政府和企业共20多人组成的代表团赴文莱参加"国际食品与生物技术投资大会"，与文莱相关机构分别进行了对口洽谈，并就中国（南宁）-文莱农业产业园、中国（玉林）-文莱中医药健康产业园、文莱海洋养殖和文莱水稻种植合作等4个项目与文方签署合作意向。代表团还分别拜访了文莱工业与初级资源部、通信部和首相府有关官员，就进一步推进"文莱-广西经济走廊"建设，特别是推动广西北部湾国际港务集团与文莱摩拉港合作等进行了交流探讨。

经过双方努力，"一港双园三种养"的先期合作已现雏形。2015年9月18日，在第十二届中国—东盟博览会上，文莱通信部与中国广西北部湾国际港务集团签署了《文莱达鲁萨兰国政府、广西北部湾国际港务集团合作意向书》。2017年2月21日广西北部湾国际港务集团与文莱达鲁萨兰国资产管理公司组建的合资公司——文莱摩拉港有限公司揭牌，正式接管文莱规模最大的摩拉港集装箱码头的运营。摩拉港有限公司由广西北部湾国际港务集团占股51%，标志着"文莱-广西经济走廊"的旗舰项目顺利落地。接管工作完成后，摩拉港有限公司立即启动摩拉港运营管理、机械设备、信息系统等方面升级改造工作，将致力于提高摩拉港集装箱码头的操作效率及服务水平，并逐步降低物流成本，提升摩拉港的区域竞争力。同时，广西北部湾港务集团和文莱达鲁萨兰资产管理公司正积极探讨港-产-园协调发展模式，吸引更多的企业到文莱投资。北部湾港已开通外贸航线29条，基本实现东南亚地区全覆盖。

"中国（南宁）-文莱农业产业园"已落户南宁市，园区计划用地3万亩，以清真食品园、农产品深加工园、科技研发园、农业观光园、生态健康园等为主要建设内容，预计总投资70亿美元。玉林市在玉林中医药健康产业园规划面积24.11平方千米，发展清真药品生产项目，与文莱合作生产石斛产品、耗油、虾片、蜂蜜等健康食品，开发符合清真标准的罗汉果、百香果、黑芝麻等健康饮品。钦州市海华蚝业科技开发公司近日与文莱维斯玛管理投资公司签署大蚝养殖合作意向书，已经取得营业执照，项目总投资600万美元，其中中方投资590万美元。

🌸 五、文莱与中国经贸合作前景

（一）"一带一路"建设给文莱经济发展带来机遇

文莱虽然已经实行多年"经济多元化改革"，但离实现"2035年宏愿"的目标还较远。短期内，文莱经济无法摆脱结构单一、对外依存度大的现状，因此必须拓展更大的国外市场、争取更广阔的经济发展空间，中国提出的"一带一路"倡议给文莱带来了发展机遇。文莱自古以来就是中国"海上丝绸之路"的重要合作伙伴。2014年10月，文莱驻华大使张慈祥接受《南方日报》专访，她认为中国的"21世纪海上丝绸之路"倡议有利于加强文莱与中国在有共同利益领域的合作。2016年4月中旬，中国、文莱经贸磋商（副部级）第四次会议在文莱斯里巴加湾市举行，两国经贸主管部门主要就进一步深化双边经贸合作、解决双边经贸合作中存在的问题等交换意见。4月下旬，中国外交部部长王毅访问文莱时表示，中国理解和支持文莱推进经济多元化战略，愿同文莱尽快商签将"一带一路"倡议和文莱"2035年宏愿"相互对接的政府间合作文件，推动"文莱-广西经济走廊"建设尽快起步[①]。

为了使文莱的"2035年宏愿"与中国的"一带一路"倡议互相对接，文莱政府积极地响应中国政府的相关倡议。2013年，文莱与中国签订了《中华人民共和国政府与文莱达鲁萨兰国政府关于海上合作的谅解备忘录》《中国海油和文莱国油关于成立油田服务领域合资公司的协议》，标志着两国正式开始了在油气开采领域的合作。2014年，文莱主动提出与中国共建"文莱-广西经济走廊"，通过与广西的产业合作促进本国多元化经济发展。广西壮族自治区政府作为回应提出"一港双园三种养"先期合作建议。2016年，文莱加入中国主导的亚洲基础设施投资银行（简称"亚投行"），成为意向创始成员国。2017年2月，由中国广西北部湾国际港务集团旗下的北部湾控股（香港）公

---

① 《王毅：中国的发展只会给周边各国带来更多机遇和红利》，2016年4月22日，http://world.people.com.cn/n1/2016/0422/c1002-28296414.html.

司与文莱达鲁萨兰国资产管理公司合资成立的文莱摩拉港有限公司成立，并且正式接管文莱摩拉港集装箱码头的运营，"文莱-广西经济走廊"旗舰项目顺利落地。该项目将会加快实现东盟港口与北部湾港的互联互通，为文莱参与共建"一带一路"，推动经济多元化快速发展提供有力保障。

（二）文莱与中国开展经济互补领域合作

经过对文莱与中国贸易行业进行比较，两国的贸易涉及不同的产品，说明两国的资源有差异，文莱对中国的出口主要是石油和天然气，而从中国进口的货物则呈多元化特点，两国资源互补性较大。另外，两国产业内贸易水平较低，贸易结合度总量也非常低，说明产业间贸易潜力巨大，具有广阔增长空间。文莱与中国都迎来了各自经济发展的重要机遇期，"2035年宏愿"与"一带一路"倡议进行战略对接可以"文莱-广西经济走廊"为契机，从能源领域拓展到农林渔业、基础建设、旅游观光、清真食品等多领域。

1. 深化能源合作

中国已经成为最大的能源消费国，同时也是过去几十年能源行业增长的主要根源之一。文莱有能力满足中国对能源不断增长的需求，文莱对中国的石油和天然气出口量远远少于日本，在未来有很大的增长空间。

2. 加强农业、渔业合作

文莱与中国在农业、渔业方面的互补性很强。文莱的稻米自给率仅为5.3%，"2035年宏愿"特别提出需要彻底改变当前粮食无法自给的局面，将文莱的大米自给率提升至60%。为了实现这个目标，文莱需要先进的农业生产技术、农药等化工产品以及引进新的水稻品种，而中国可以提供相关成熟的技术和产品。广西玉林市旺旺大农牧有限公司已经与文莱合作种植水稻试验田，积累了成功的经验。未来两国可充分利用"文莱-广西经济走廊"的优势，做大做强"中国（南宁）-文莱农业产业园"。在渔业方面，文莱丰富渔业资源具有广阔的开发和增值前景，文莱与中国加强合作的空间也很大。

3. 加强旅游业合作

2015年文莱入境游客达到218213人次，比2014年增加17224人次，增幅8.6%；其中，中国游客达到3.69万人次，占入境总游客的16.9%，比2014年提高3.7%[①]，中国为文莱第二大旅游来源国，排在马来西亚之后。2018年文莱接待中国游客65563人次，同比增幅达21.1%[②]，中国已经成为文莱最大游客来源地之一。2019年1月至7月，文莱接待中国游客4.3万人次，创同时期历史新高。文莱政府为中国游客实施落地签证政策，文莱皇家航空公司新开设到中国广西的航线，这些都为进一步促进旅游业发展提供便利。文莱和中国共同启动2020年"中国文莱旅游年"，将进一步推动两国旅游合作。

4. 吸引更多中国投资，加强基础设施建设领域合作

为推动经济多元化改革，文莱政府重视政府与社会资本合作的作用，外国直接投资被视为文莱实现经济多样化的重要组成部分。文莱的外国直接投资流入量仍较低，文莱政府正积极吸引外国直接投资。2015年，受国际油价低迷的影响，文莱的经济下降了1.1%[③]，但中国对文莱投资"一枝独秀"，逆势增长近50%，在文莱承包工程金额增长50倍[④]。恒逸石化有限公司和北部湾航运有限公司等中国公司对文莱的直接投资呈增长趋势，这进一步促进了文莱石油下游产业的发展，同时进一步改善了摩拉港集装箱码头（Muara Container Terminal）的港口设施和设备。随着"2035年宏愿"与"一带一路"倡议进行对接，中国对文莱的直接投资将有更大增加。

① 《中国游客拉动文莱2015年入境游客同比增长8.6%》，2016年2月25日，http://bn.mofcom.gov.cn/article/jmxw/201602/20160201262660.shtml

② 《2020"文莱中国旅游年"将启动》，2020年1月9日，http://www.ct-news.com.cn/art/2020/1/9/art_113_60947.html

③ 《文莱2015财年财政赤字超16亿美元》，2016年3月10日，http://news.xinhuanet.com/world/2016-03/10/c_1118290572.htm.

④ 《王毅：中国的发展只会给周边各国带来更多机遇和红利》，2016年4月22日，http://world.people.com.cn/n1/2016/0422/c1002-28296414.html.

参考文献

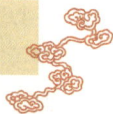

[1] 邵建平,杨祥章. 文莱概论. 北京:世界图书出版公司,2012.

[2] 福建省人民政府新闻办公室. 郑和下西洋. 北京:五洲传播出版社,2005.

[3] Dr.Haji Awang Mohd. Jamil Al-Sufri. HISTORY OF BRUNEI IN BRIEF. Department of co-curriculum education, Ministry of education & Office of the secretariat of the supreme council of Malay Islam Monarchy,1990.

[4] SEKAPUR SIRIH PRAKATA. SEJARAH SULTAN-SULTAN BRUNEI. Department of co-curriculum education, Ministry of education & Office of the secretariat of the supreme council of Malay Islam Monarchy,2015.

作者简介

1.罗琨，广西国际文化交流中心副秘书长，兼任广西民族大学东盟学院文莱研究所所长，国际政治专业法学硕士，主要研究方向为中国与东南亚国家关系、文莱文化和国情。自2011年开始，加入广西民族大学东盟学院"东南亚形势研究"课题组，2011-2013年从事文莱形势研究，2014-2016从事中国-文莱关系研究，研究成果载于2011~2015年出版的《东盟黄皮书》（社会科学文献出版社）。2018年，参加教育部国别与区域研究重大课题——"一带一路"沿线国家研究系列智库报告，编著出版《文莱国情报告——政党、团体、人物》（社会科学文献出版社）。

2.茜蒂·诺卡碧博士，文莱大学文莱研究院的高级助理教授和主任，西澳大利亚大学的博士学位。专注于文莱传统纺织品的物质文化研究领域。长期从事文莱物质文化和文莱马来习俗课程模块教学。也是文莱伊斯兰教育的教学团队成员。

3.沈宗祥，出生于文莱，曾任文莱国家广播电视台广播节目制作/主持长达10年，之后创业成立"笛声行销公司"，从事广告设计及市场行销，曾受聘为文莱中文新闻网站易华网主编达6年。近30年来，活跃于文莱华人社团，目前是文莱-中国"一带一路"促进会秘书长，同时也是广西民族大学东盟学院文莱研究所顾问。

4.莎菲·诺·伊斯兰博士，文莱大学社会科学学院地理发展与环境研究系的助理教授，也是文莱首相府工业部经济发展委员会发展项目技术专家监督委员会的成员（顾问）。2009年获得德国勃兰登堡工业大学环境与资源管理博士学位。

5.茜蒂·玛芝妲博士，文莱大学社会科学学院的讲师，专攻人文地理学。2015年获英国杜伦大学人文地理学博士学位。

6.史迪芬·杜鲁斯博士，英国赫尔大学东南亚研究中心的历史学博士。目前供职于文莱大学，教授文莱和东南亚历史。

7.亚都·海·朱莱，文莱研究院教师，获得文莱大学文莱研究院的学士学位和日本国际大学国际关系硕士学位。目前，在文莱研究院教授马来伊斯兰君主制、文莱的非政府组织、文莱政治、文莱外交政策以及研究方法。

8.亚扎哈拉莱妮博士，文莱国际研究生院的首席执行官，获得澳大利亚新南威尔士州新英格兰大学职业技术教育政策发展学博士学位。

9.纳妮·苏雅妮博士，文莱大学社会科学学院历史与国际研究系讲师。2006年获得英国利兹大学东亚研究博士学位。研究领域是文莱、马来西亚和东南亚的政治与社会经济历史。

10.玛哈妮博士，2011年获得澳大利亚昆士兰科技大学管理学博士学位。目前，在文莱大学商业与经济学院担任会计学助理教授，并担任文莱大学公共政策研究学院主任。

11.诺莱妮·亚默，文莱大学公共政策研究学院的讲师。获得伦敦政治经济学院（LSE）公共政策和管理硕士学位。研究重点是女性和青年以及她们的生活经历。

12.亚默卡历教授，获得美国约翰霍普金斯大学经济学博士学位。2015年5月就职文莱大学，担任经济学教授。目前是商业与经济学院院长。

13.冯伟伦博士，是文莱大学商业与经济学院的讲师和经济学课程项目负责人，获得英国萨塞克斯大学经济学博士学位。专业领域是数量经济学和国际贸易。

ABOUT THE CONTRIBUTORS

1.Luo Kun, Deputy Secretary-General of Guangxi International Culture Exchange Center, is also the director of Brunei Studies Center at College of ASEAN Studies, Guangxi University for Nationalities. Holding a Master of Laws in international politics, her main research interests are the relationship between China and Southeast Asia, Brunei culture and its conditions. Since 2011, she joined the research team of "Studies on the Development of Southeast Asia" at College of ASEAN Studies of Guangxi University for Nationalities, engaged in the Brunei Studies from 2011 to 2013, and conducted a research on the relationship between China and Brunei from 2014 to 2016. Her research results have been published in the "Yellow Book on ASEAN" every year by Social Sciences Academic Press. In 2018, she participated in a series of think tank report on "Countries along the Belt and Road", a major research project of countries and regions approved by Ministry of Education of the People's Republic of China, and is one of the editors of the BRIEFING REPORT: NEGARA BRUNEI DARUSSALAM (to be published by Social Sciences Academic Press).

2.Dr Siti Norkhalbi Haji Wahsalfelah is a Senior Assistant Professor and the Director of the Academy of Brunei Studies at Universiti Brunei Darussalam. She holds a PhD from the University of Western Australia. Her area of research interest on material culture specializing on traditional textiles in Brunei Darussalam. Dr Norkhalbi has been teaching Brunei Material Culture and Brunei Malay Custom modules. She is also part of the team teaching Islam in Brunei module.

3.Sim Chong Siang was born in Brunei Darussalam and was a former radio programme producer of Radio Television Brunei for 10 years. After that, he established "Adison Marketing Services" and engaged in advertising, design and marketing. He was also employed as the Chief Editor of Brunei's Chinese news website, E-huawang, for 6 years.In these 30 years, he has been actively involved in Brunei's Chinese associations. He is currently the Secretary-General of Brunei-China One Belt One Road Association. At the same time, he is also a Consultant for Brunei Research Institute of College of ASEAN Studies, Guangxi University for Nationalities, as well as the Chairman (Brunei) of Asia Pacific Top Excellence Brand Nomination Committee.

4.Dr. Shafi Noor Islam, PhD (and Candidate for Dr. rer. nat. habil.) is an Assistant Professor in the Geography, Development and Environmental Studies Programme, Faculty of Arts and Social Sciences (FASS), Universiti Brunei Darussalam (UBD), Brunei Darussalam. He is also a member (Consultant) of Technical Expert Monitoring Committee of Development Projects of BEDB, Ministry of Industry, Prime Minister's Office, Brunei Darussalam. He holds PhD in Environmental and Resource Management from the Brandenburg University of Technology Cottbus in 2009.

5.Dr Siti Mazidah Haji Mohamad is a lecturer at Faculty of Arts and Social Sciences, Universiti Brunei Darussalam, specialising in human geography. She obtained her PhD in Human Geography at Durham University in 2015.

6.Dr Stephen C. Druce obtained his PhD (history) from Hull University's Centre for South-East Asian Studies.He is currently affiliated to Universiti Brunei Darussalam where he teaches Brunei and Southeast Asian history and supervises a number of graduate students on a diverse range of topics at both the Academy of Brunei Studies, where he is Programme

Leader in Graduate and Undergraduate Studies, and the Faculty of Arts and Social Sciences.

7.Abdul Hai Julay holds a BA (Hons) in Brunei Studies from Universiti Brunei Darussalam and an MA in in International Relations from the International University of Japan in Niigata. He currently teaches a range of modules in the Academy of Brunei Studies, where he is based, ranging from Melayu Islam Beraja, Non-governmental organizations in Brunei Darussalam, Brunei politics, Brunei foreign policy, and Research Method.

8.Dr Azaharaini Hj Mohd Jamil is currently the Chief Executive Officer at Kolej International Graduate Studies, Brunei Darussalam. He received his PhD from University of New England, Armidale, NSW, Australia in Vocational and Technical Education Policy Development.

9.Dr Nani Suryani Haji Abu Bakar is a lecturer in History and International Studies Programme, Faculty of Arts and Social Sciences in Universiti Brunei Darussalam. She acquired her BA in Education, Universiti Brunei Darussalam in 1997 . Her field of study is on political and socio-economic history of Brunei, Malaysia and Southeast Asia.

10.Mahani Haji Hamdan received her PhD in Management from the Queensland University of Technology, Australia in 2011. Currently, she works as an Assistant Professor in Accounting at UBD School of Business and Economics and also a Director at the Institute of Policy Studies, Universiti Brunei Darussalam.

11.Norainie Ahmad is a lecturer at the Institute of Policy Studies (IPS), Universiti Brunei Darussalam. Her alma mater includes the London School of Economics and Political Science (LSE) where she received her MSc in Public Policy and Administration. She focuses her research on women and young adults, and their lived experiences.

12.Professor Ahmed M Khalid earned his Ph.D. in economics from Johns Hopkins University, USA. He joined Universiti Brunei Darussalam in May 2015 as a Professor of Economics. He is currently Dean of School of Business and Economics.

13.Dr Lennard Pang Wei Loon is a lecturer and the Programme Leader of Economics Programme at UBD School of Business and Economics. He was awarded PhD in Economics from University of Sussex. His area of specialization are Quantitative Economics and International Trade.